Georges Corm · **Missverständnis Orient**

Georges Corm

Missverständnis Orient

Die islamische Kultur und Europa

Aus dem Französischen
von Bodo Schulze

Rotpunktverlag

Die Originalausgabe erschien 2002 unter dem Titel *Occident, la fracture imaginaire* bei den Éditions La Découverte, Paris.

Die Übersetzung wurde unterstützt vom französischen Kulturministerium – Centre National du Livre.

Der Text wurde vom Autor für die deutsche Ausgabe überarbeitet und erweitert.

Vom Verfasser autorisierte Übersetzung.

www.rotpunktverlag.ch

Umschlag: Wochenmarkt in Köln. Foto: Herby Sachs/version
Druck und Bindung: freiburger graphische betriebe · www.fgb.de
ISBN 3-85869-281-6

Inhalt

»Glaubt nicht [er wendet sich an die versammelte Trauergemeinde], dass der Mensch nur von der Maßlosigkeit seiner sinnlichen Begierden fortgerissen werde: nicht weniger blendet ihn die Maßlosigkeit seines Geistes; gleich jener weiß sie sich heimliche Freuden zu schaffen, und Widerstand ist ihr nur ein Anreiz. Dieser hochmütige Geist glaubt sich allem und sich selbst überhoben, wenn er sich, wie er meint, über die Religion erhebt, die er doch so lange verehrte; er schlägt sich auf die Seite der Illusionslosen; in seinem Innern schmäht er die Einfältigen, die Ihresgleichen nur nachahmen und selbst nichts finden; und ist er erst einmal zum Ziel der eigenen Schmeicheleien geworden, macht er sich selbst zum Gott.«

Bossuet, »Oraison funèbre d'Anne de Gonzague«

»Die Bereiche, die der Gelehrte sich zu erforschen vornimmt, sind in den Geisteswissenschaften niemals unberührte Landstriche, sondern Kontinente, deren Karte bereits durch die Tradition erstellt ist und die das religiöse Denken seit langem durchstreift hat, wobei die Zugänge und Wegstrecken abgesteckt wurden.«

Jean-Pierre Vernant, Vorwort zu Maurice Olender, *Die Sprachen des Paradieses: Religion, Philologie und Rassentheorie im 19. Jahrhundert,* Frankfurt a.M. (Campus) 1995, S. 8f.

»Die Vorstellung von dem ›unveränderlichen Osten‹ ist so offensichtlich eine populäre Täuschung ohne ernste wissenschaftliche Grundlage, dass eine Untersuchung ihrer Ursachen weder von großem Interesse noch von Bedeutung ist.«

Arnold Toynbee, *Der Gang der Weltgeschichte,* Bd. 1: Aufstieg und Verfall der Kulturen 1, München (dtv) 1973, S. 79

»Die Gegenwart ist eine zivilisierte, keine kultivierte Zeit.«

Oswald Spengler, *Der Untergang des Abendlandes,* München (dtv) 1979, S. 55

Vorwort zur deutschen Ausgabe

Es ist für einen Autor stets eine Freude, in eine fremde Sprache übersetzt zu werden. Bei einer Übersetzung ins Deutsche ist die Freude umso größer, als die deutsche Philosophie die seit der Aufklärung aufeinander folgenden Identitäten »des Westens«, die ich im Folgenden zu analysieren versuche, stark mitgeprägt hat. Diese Identitäten und die ihnen zugrunde liegenden Politik-, Geschichts- und Moraltheorien übten und üben auf den Orient, insbesondere auf den moslemischen, sowie auf die anderen Mittelmeeranrainer großen Einfluss aus. Wie im vorliegenden Buch dargestellt, haben die deutsche Philosophie und Sprachwissenschaft, die historischen und soziologischen Ideen insbesondere von Hegel, Marx und Weber, die Konzeptionen von Nation, die literarischen und künstlerischen Bewegungen den Westen zugleich ver- und entzaubert; sie haben völlig neuartige Ideologien hervorgebracht, begründeten jedoch auch unser modernes Weltverständnis. Die hier vorgelegte Kritik der westlichen Identität veranlasste mich daher, eine ganze Reihe von Begriffen und Konzepten, die ich als Dogmen und Selbstverständlichkeiten lange Zeit akzeptierte, neu zu überdenken. Dabei stützte ich mich auch auf europäische Autoren, darunter mehrere deutsche Philosophen und Politologen, etwa Karl Löwith und Hans Blumenberg.

Das vorliegende Buch wurde vor der Irak-Invasion der Vereinigten Staaten im März 2003 geschrieben. Unmittelbar nach dem 11. September war schwer vorhersehbar, dass die Vereinigten Staaten in den Irak einmarschieren würden, unter dem Vorwand, die irakische Diktatur, die sich mit weitestgehender Unterstützung des Westens im Kampf gegen den islamischen Fundamentalismus herausgebildet hatte, unterhalte Beziehungen zu terroristischen Bewegungen, die sich auf eine dogmatisch versteinerte Spielart des Islam berufen.

Das Interessante an diesem Krieg gegen den Irak war jedoch, dass der vielbeschworene Bruch zwischen Orient und Okzident sich in aller Deutlichkeit als imaginäres Konstrukt zu erkennen gab. Fast in allen westlichen Ländern, selbst in weiten Teilen der amerikanischen Öffentlichkeit, stieß der Krieg auf Ablehnung. Der Papst, die höchste Autorität der katholischen Kirche, verurteilte das kriegerische Beginnen mehr als einmal. Zahlreiche protestantische Kirchen taten es ihm gleich. Die Regierungen der beiden größten Länder Europas, Deutschland und Frankreich, brachten den Mut auf, sich nicht in das angloamerikanische Abenteuer hineinziehen zu lassen. Noch nie herrschte zwischen der öffentlichen Meinung im Okzident und im Orient ein solcher Gleichklang wie in den Wochen unmittelbar vor und während des Krieges. Gemeinsame Kriegsgegnerschaft einte die Öffentlichkeit beiderseits des berühmt-berüchtigten Grabens, der die als jüdisch-christlich firmierenden Gesellschaften des Westens vorgeblich von den als insgesamt moslemisch wahrgenommenen Gesellschaften des Ostens trenne.

Gleichwohl suchten die Medien vielfach den Eindruck zu vermitteln, es handle sich um einen Zivilisations- und Religionskrieg in Fortschreibung der Ereignisse des 11. September, eine Interpretation, die allem Augenschein widersprach, so man nur die beiderseits des Mittelmeers demonstrierenden Massen wahrnehmen wollte, die hier wie dort dasselbe Anliegen vortrugen: einen Krieg gegen ein praktisch entwaffnetes Volk zu vermeiden, das durch die vorherigen Kriege und das jahrelange Wirtschaftsembargo erschöpft war. Ich selbst hatte mit den Journalisten, die mich vor und während der dramatischen Ereignisse befragten, große Probleme, denn es gelang mir nicht, ihnen vor Augen zu führen, wie gering der Realitätsgehalt ihrer Fragen und ihrer Herangehensweise an den Konflikt war und wie sehr diese Fragen und diese Herangehensweise ideologisch vielmehr jenen angeblichen Graben zwischen Ost und West im Schilde führten. Schlimmer noch, oft sah ich mich aufgefordert, mich zu entscheiden zwischen hier der Rechtfertigung des Krieges als Befreiung der Irakis durch den allmächtigen Westen und dort der Unterstützung der irakischen Diktatur.

Das vorliegende Buch sucht die Springfedern dieses in all seinem Narzissmus triumphierenden Diskurses des »Westens« zu erklären, eines Diskurses, dem die amerikanische Regierung heute bis zur Karikatur huldigt. Wie in der Einleitung dargelegt, fungierte der 11. September dabei nur als beschleunigender Faktor einer Grundströmung, die die politische Philosophie und anthropologische Reflexion des Westens zumal seit dem Ende des Kalten Krieges durchzieht. Der Krieg gegen den Irak stellt sich insofern als Höhepunkt dieser Entwicklung dar, und man kann von Glück sagen, dass die europäische Öffentlichkeit massiv dagegen protestierte und in Ländern, die sich wie Italien und Spanien als Verbündete der Vereinigten Staaten profilierten, auch gegen die eigene Regierung Front machte.

Die Frage ist nur, ob diese Mobilisierung von Dauer sein wird oder ob sie sich im Zuge des leicht errungenen Siegs der Amerikaner rasch wieder verflüchtigt. In letzterem Fall würde sich der wie immer imaginäre Bruch für die Gesellschaften im Westen wie für die Gesellschaften im Osten zum finsteren Kerker schließen. Die zunehmenden Probleme der amerikanischen Streitkräfte im Irak, der wachsende Widerstand der irakischen Bevölkerung gegen die US-Präsenz, die Kehrtwende der spanischen Regierung nach den letzten Parlamentswahlen im März 2004, die der spanischen »Kriegspartei« eine Abfuhr erteilten – all dies dürfte auf eine Schwächung der Bruchlinie hinwirken. Zwar hat die Unauffindbarkeit von Massenvernichtungswaffen im Irak, immerhin das Hauptmotiv, mit dem die Invasion gerechtfertigt wurde, die kolonialistischen Tendenzen der beiden Mächte USA und Großbritannien geschwächt, doch provozierte die Situation, die im Gefolge der Irak-Invasion entstand, abermals blutige Terroranschläge, Zeichen der Ablehnung der imperialen Ordnung, die die Vereinigten Staaten im Orient errichten. Aber auch diese Terroranschläge tragen dazu bei, die Vorstellung von einem Zivilisations- oder Religionskrieg zwischen Ost und West zu befestigen.

Die amerikanische Sprachregelung, die den Terrorismus als ebenso bedrohlich erscheinen lässt wie den alten »Feind«, den sowjetischen Totalitarismus, der über Panzerdivisionen und Massenvernichtungswaffen verfügte, stiftet Verwirrung und verfolgt das Ziel, feindselige Gefühle zwischen den »Westlern« auf der einen und den »Moslems« oder »Arabern« auf der anderen Seite zu schüren und Letztere als Unruhefaktor darzustellen, der den sozialen Frieden in Europa störe und politischen Extremismus der fremdenfeindlich-rassistischen Art heraufbeschwöre. Indem die Vereinigten Staaten und Großbritannien Widerstandshandlungen gegen die israelische Besetzung der palästinensischen Gebiete und die amerikanische Besatzung im Irak in einen Topf werfen mit den Terroranschlägen vom 11. September 2001 und mit dem Madrider Attentat im März dieses Jahres, arbeiten sie an der Konsolidierung jenes imaginären Bruchs, der den Frieden in der Welt bedroht. Während die tschetschenischen Attentate auf russischem Boden, die ja nicht weniger mörderisch wirken als andere Attentate, die westliche Öffentlichkeit nicht sonderlich zu berühren scheinen, erfahren die Anschläge im Irak und in Israel stets heftigste Verurteilung.

Es ist natürlich noch viel zu früh, um auch nur zu versuchen, die Zukunft der Beziehungen zwischen Orient und Okzident zu ergründen. In beiden Gesellschaften herrscht solche Ratlosigkeit, dass wohl einige Zeit ins Land gehen muss, bis die Öffentlichkeit die Ereignisse der letzten Zeit verdaut hat, vor allem in der arabischen Welt, die nun ein Trauma mehr zu verarbeiten hat. Der Ver- und Zerfall, der die arabische Welt seit einem halben Jahrhundert kennzeichnet, hat einen neuen Schub erhalten, während die Vereinigten Staaten mit ihren neuen politischen und philosophischen Doktrinen ohne Komplexe den ganzen Narzissmus und Willen zur Macht verkörpern, den die europäischen Nationalismen, die sich heute glücklicherweise beruhigt haben, einst hervorbrachten und auf den bitteren Höhepunkt trieben.

Ich hoffe, die im vorliegenden Buch vorgestellten Überlegungen leisten einen Beitrag zum besseren Verständnis der Springfedern dieser Vormacht-Doktrinen, die das kritische Denken stets bemüht war zu bekämpfen, um Ängste, Hass und Vorurteile zurückzudrängen, die an Rasse, Ethnie und Religion sich heften. Europa und Deutschland bringen die nötigen Voraussetzungen mit, um die das Imaginäre durchwaltende Grenze zurückzudrängen, die sich in dem Maße zu einer wirklichen Grenze verdichtet, wie die amerikanische Kriegsbereitschaft und -rhetorik Nachahmung findet und der stupiden Theorie vom Kampf der Kulturen, die in den Vereinigten Staaten weitestgehend popularisiert ist, im Orient mit jedem Tag mehr Anhänger zutreibt.

Beirut, Juni 2004

Einleitung – die Symbolsprache der Bilder vom 11. September

Die Ereignisse des 11. September 2001 traten eine überwältigende Lawine von Worten, Diskursen und Bildern los. Sie kristallisierten in den Kollektivpsychologien Angst- und Hassgefühle, die unsere Welt seit mehreren Jahrhunderten prägen. Terrorismus und Terror sind seit dem 11. September gewiss die am meisten gebrauchten Wörter, in der Öffentlichkeit ebenso wie in Salongesprächen, auch wenn ihnen nicht überall derselbe Sinn beigelegt wird.

Unbestreitbar, dass die Bildsymbolik überaus staunenswert war: die Zwillingstürme des World Trade Center, die sich zu suizidieren scheinen und vom Ende eines Imperiums künden, das den Barbaren in die Hände fällt; in Afghanistan High-Tech-Kampfflugzeuge, die per Laser die archaischsten Krieger der Menschheit jagen, vor einer Kulisse, die der Steinzeit würdig wäre. Das Imperium im Himmel, die Barbaren in den Höhlen; das Imperium, verkörpert durch elegante Militärs und Zivilisten im Dreiteiler und mit Krawatte; die Barbaren barfuß oder in Sandalen, den Turban als Kopfbedeckung und mit üppigem Bartwuchs, in direkter Linie den patriarchalen Bildern antiker oder biblischer Imperien entsprungen, von denen man geglaubt hatte, sie seien für immer untergegangen.

Ein neuer biblischer »Western«

Die Symbolik der Bilder, die die Ereignisse seit dem 11. September hervorgebracht haben, ließe sich beliebig auffächern – stets zeigen sie eine Mischung aus Videospiel oder Science Fiction und biblischem Western, der den Titel tragen könnte: »Taliban oder die Leidenschaft des heiligen Terrors«. Wir wollen hier nicht elegant über Ereignisse dissertieren – oder sie analysieren –, die unter Umständen auf lange Zeit hinaus mysteriös bleiben werden. Vielmehr möchten wir den Versuch unternehmen, den Fieberwahn und die Ängste zu besänftigen, die tief in uns stecken und seit langer Zeit von diversen Schriftgattungen, von gelehrten Analysen wie von leichter Literatur, geschürt werden. Angefangen mit geachteten akademischen Werken zum Islam über die Kriminal- und Spionageromane mit ihren rassistischen Araberbildern und die minutiösen Reportagen über die Terrornetze und ihre Ideologie bis hin zu den spektakulären Aufmachern französisch- oder englischsprachiger Wochenzeitschriften über Terror und Islam haben wir uns reichlich Material zurecht gelegt, um unsere Ängste und Phobien zu nähren.

Wir und die anderen; die »Barbarei, die die »Zivilisation« bedroht; die »Verrückten Gottes«, die Märtyrer, die unschuldige Zivilisten morden – wie immer sich Menschen guten Willens bemühen mögen, kühlen Kopf zu bewahren und der Versuchung des Rassismus und des Vorurteils zu widerstehen, der 11. September ist ein historisches Datum, ein einzigartiger Bezugspunkt in einem Bruch, der sich durch alle Zeiten und alle Orte zieht, der Bruch zwischen uns, den »Zivilisierten«, und ihnen, den »Barbaren«. Ein Bruch, den wir seit den Griechen in weltlicher, seit der Bibel in heiliger Gestalt mit uns herumschleppen: das Volk im Kampf gegen die Völker, die starrsinnig in der Finsternis verharren.

Wir glaubten, wir hätten diesen Bruch mit Blick auf die entwickelte und die unterentwickelte Welt im Laufe des vergangenen Jahrhunderts bezähmt. Doch die unterentwickelte Welt lässt sich leider durchaus im Abenteuer der Taliban zusammenfassen, Theologiestudenten, wie man heute weiß. Ihr Großinspirator Osama Bin Laden speit religiöses Feuer von einer Virulenz, die noch die informiertesten Spezialisten sprachlos macht. Dabei handelt es sich um ein Mitglied einer der wohlhabendsten Familien Saudi-Arabiens, das Lieblingsland des Westens und der größte Erdölproduzent der Welt. Die Illusionen sind erschüttert, und der gute Bürger soll Partei ergreifen. Es gibt keine kommunistische Welt mehr. Es gibt den Terrorismus, den blindwütigen Terror, der sich an den Wohlstandssymbolen des westlichen Imperiums verging, an den Zwillingstürmen des World Trade Center.

Ich werde hier nicht erörtern, wie dieses Ereignis geschehen konnte, auch nicht die Gründe, die Fragen schwer erklärlicher Nachlässigkeiten aufwerfen. Man mag sich zum Beispiel fragen, warum die Vereinigten Staaten, die Bin Laden bereits für die Anschläge auf die US-Botschaften in Afrika 1998 verantwortlich machten, nicht schon früher die antiterroristischen Maßnahmen beschlossen, die nach dem 11. September verabschiedet wurden. Fest steht, dass sich die Symbolik des 11. September überall als Beginn des Krieges zwischen Zivilisation und Barbarei, zwischen Demokratie und Terrorismus, zwischen Islam und jüdisch-christlichem Westen aufdrängte. Bin Laden, der sich zunächst in Schweigen hüllte, spielte schließlich perfekt die Partitur des totalen Krieges zwischen zwei unversöhnlichen Welten und rechtfertigte damit alle innen- und weltpolitischen Maßnahmen der Vereinigten Staaten zur Bekämpfung der »globalen Gefahr«. Diese Maßnahmen haben mehr als einen Demokraten aufgeschreckt, der sich rechtsstaatlichen und völkerrechtlichen Grundsätzen verpflichtet weiß; doch wie sollte man in Zeiten äußerster Gefahr die Mittel scheuen, sich gegen einen unversöhnlichen Feind zu verteidigen?

Die folgenden Seiten wollen einen Beitrag leisten zum Kampf gegen eine allzu simplizistische Symbolik, die in der Tat bedroht, was in unserer Weltsicht und unserem Weltbegreifen an kritischem Geist noch übrig sein mag. Nicht, dass man sich gegen Umsturz und umstürzlerische Gewalt nicht zur Wehr setzen sollte. Aber eine wirksame Verteidigung setzt voraus, dass wir das Wesen der anstehenden Schlacht und das Terrain, auf dem sie spielt, gut kennen.

Der Untergang des Abendlandes oder die Welt als Schöpfung des Westens

Seit der Erfindung des Buchdrucks, der Eroberung Amerikas, der Erfindung der Dampfmaschine und der Entdeckung der Elektrizität prägt der so genannte Westen die Welt und baut sie um. Seit dem berühmten *Untergang des Abendlandes* von Oswald Spengler – vor mehr als 80 Jahren geschrieben – gehört es im Westen häufig zum guten Ton, das Ende der Zivilisation vorherzusagen und die Gefahr an die Wand zu malen, die Zitadelle »Abendland« oder »Westen« könnte in die Hände der »Barbaren«[1] fallen. Man denke auch an den weit reichenden Einfluss des großen englischen Historikers Arnold Toynbee, der in seinem gigantischen Werk zeitgleich mit Spengler den Versuch unternahm, die Faktoren von Aufstieg und Untergang der großen Zivilisationen zu systematisieren.[2]

Untergang ist eine Frage, die im Westen mehr denn je die Geister bewegt. Den Westen schreckt seine eigene Macht, weil sie nichts anderes als künftigen Untergang bedeuten könnte. Die Überlegungen Toynbees zum Verfall der alten Zivilisationen dienen keineswegs dazu, den westlichen Geist zu beunruhigen, denn im Mittelpunkt von Toynbees Beschreibung steht die korrodierende Wirkung der von innen und von außen agierenden »proletarischen Gruppen« und »handelnden Minderheiten« auf imperial verfasste Großzivilisationen.[3] Im Rahmen einer dem Werk Toynbees gewidmeten Tagung erklärte Raymond Aron während einer Diskussion über Toynbees Sicht der verschiedenen Zivilisationen und der Zyklen in der Geschichte: »Was an ihm aufstieß, war zunächst einmal, dass Toynbee wie Spengler, aber vorsichtiger als er, den Tod der westlichen Zivilisation vorhersagte oder zumindest eine recht düstere Prognose über die Zukunft dieser Zivilisation abgab.«[4] Heute verleiht das Chaos, in dem sich die Welt befindet und das der 11. September so trefflich veranschaulicht, den Thesen Spenglers und Toynbees überraschende Aktualität.

Wir werden diese Hegemonie, die ständig an Dynamik gewinnt, auch wenn sie sich im Niedergang – ermattet und durch ihre eigenen materiellen oder philosophischen Erfolge geschwächt – wähnt, nicht beschreiben.[5] Vielmehr werden wir versuchen, die beunruhigenden Fragen zu analysieren, die einfachen Bilder und mörderischen Klischees zu dekodieren, die beiderseits des vorgeblichen Bruchs zwischen Zivilisation und Barbarei die Macht der einen und die Schwäche der anderen organisieren.

Am frappierendsten erscheint uns unter diesem Blickwinkel, dass in der Analyse und Praxis der internationalen Politik seit mehreren

Jahrzehnten altbekannte religiöse Klischees, biblische Schemata, heilige Kriege, auch die Rede von der »Rache Gottes« wiederaufleben.[6] Wo sind die Philosophie der Aufklärung, der Voltairianismus, die Säkularisierung des Denkens geblieben, die nach dem Zweiten Weltkrieg weltweit zu triumphieren schienen? Die Philosophie der Aufklärung hatte uns eine Reihe von Lebens- und Handlungsgrundsätzen an die Hand gegeben, sie hatte uns von Metaphysik und religiösen Dogmen befreit, hatte uns mit dem Optimismus erfüllt, dass wir die Fähigkeit besitzen, eine bessere Welt aufzubauen und unser dem Diesseits zugewandtes Wissen, die Springfedern der Zivilisationen und den Fortschritt des menschlichen Geistes zu vervollkommnen. Ist diese Philosophie seit dem Ende des Kommunismus und dem Abschluss der Entkolonisierung mit Leib und Seele untergegangen?[7] Gibt es keine Sprache universeller Brüderlichkeit mehr, die es erlaubt, sich sicher zu fühlen und vor seinem unmittelbaren und entfernteren Nachbarn keine Angst zu haben? Sind wir verdammt, die Rache Gottes, die Rache des strafenden und rächenden Gottes der Bibel passiv zu erdulden, eines Gottes, der einigen Völkern Führung und Rettung bringt, andere hingegen der Vernichtung preisgibt? Müssen wir weiterhin mit diesem unerträglichen Bruch leben, den der 11. September zu bestätigen scheint? Wo verlaufen die Grenzen dieses Bruchs, woher bezieht er seine Kraft?

Der vorliegende Essay möchte einige Denkanstöße geben und die billigen Klischees, die Halbwahrheiten, die gewaltdurchtränkt metaphysischen Sprachregelungen denunzieren, die in den Medien ebenso überhand nehmen wie in akademischen Schriften, literarischen Werken und in der Unterhaltungskultur. So gewiss wir jede Subversion bekämpfen müssen, so wenig dürfen wir die Erniedrigung unseres Denkvermögens akzeptieren und in Irrationalität, Schnäppchen-Metaphysik und Kaffehaus-Anthropologie verfallen, die solch trügerische Klischees und Stereotypen wie das angeblich unveränderliche Wesen der Völker, Religionen und Zivilisationen fabrizieren. Wir müssen die negative Symbolik des 11. September anders besetzen, damit dieses spektakuläre blutige Ereignis das Ende einer Epoche und den Beginn einer besseren Zeit markiert. Wir dürfen nicht zulassen, dass uns dieses Ereignis immer tiefer in hergebrachte Denkmuster verstrickt, der Irrationalität zutreibt und als Gehilfen des Angriffs auf die Freiheit und Autonomie, die uns als Menschen zukommt, rekrutiert.

Mit anderen Worten, wir müssen für den Erhalt des kritischen Geistes kämpfen und uns die Ironie eines Voltaire, den Idealismus eines Rousseau, Lock oder Kant bewahren. Wir müssen trennen zwischen der Aufgabe der Polizei, der die Bekämpfung subversiver Aktivitäten obliegt, und der Aufgabe der Reflexion, die auf eine bessere Welt zielt. Wer beides vermischt, realisiert, was George Orwell in seinem berühmten Roman *1984* befürchtete, wo die Angst von den Menschen so sehr Besitz ergriffen hat, dass jeder Versuch, die Welt und die ihr auferzwungene eiserne Ordnung zu verändern, zum Scheitern verurteilt ist. Wir dürfen uns von den Terroristen ebenso wenig terrorisieren lassen wie von ihren Verfolgern, die sich anheischig machen, Körper und Geist polizeilicher Kontrolle zu unterwerfen.

Zu diesem Zweck müssen wir die Ursachen unserer Beunruhigung und Ängste bekämpfen, die uns im Orient ebenso wie im Okzident mit einem dichten Netz aus Klischees und Vorurteilen umgeben. Dieser Aufgabe möchte sich dieser Essay widmen. Wir wollen den Versuch unternehmen, bestimmte intellektuelle Verhaltensweisen zu entmystifizieren, die im Gefolge der Ereignisse des 11. September in den Kollektivpsychologien kristallisierten. Wie man sich im Westen in die Lektüre des Koran oder entsprechender Sekundärliteratur stürzte, um den 11. September zu begreifen, spricht Bände über den Grad an Naivität oder geistiger Enge, in der wir inzwischen angelangt sind, so als wären uns unsere reichhaltigen Informationen und weltlichen Wissensbestände von keinerlei Nutzen mehr. Kaum triftiger, mit welcher Befriedigung man im Orient zur Kenntnis nahm, dass die größte Macht der Geschichte eine »Ohrfeige« einstecken musste. Kaum triftiger auch die behauptete »Friedfertigkeit« der islamischen Religion. Die Psychologie des Besiegten und Unterdrückten, die durch die Entkolonisierung keineswegs zurückgedrängt wurde, bleibt ein fruchtbarer Nährboden für alle möglichen Kollektivneurosen und millenaristischen Bestrebungen. Und auch die Debatte über die Globalisierung, über ihre Verdienste und Schwächen, ist kaum dazu angetan, uns aus der intellektuellen Patsche, in der wir stecken, zu befreien.

Ist uns jede Orientierung, jede vernünftige Sprache abhanden gekommen, die eine Verständigung zwischen Menschen, Ländern, Staaten und Gesellschaften ermöglicht? Hat die Philosophie der Aufklärung ausgedient? Bleibt uns als Richtschnur nur noch die Bibel, die den einen Heil verspricht, die anderen in Höllenqualen und Barbarei verstößt? Auf diese Fragen suchen die folgenden Seiten eine Antwort zu geben. Sie führen uns durch die Diskurse und Bilder, die der Westen seit der so genannten europäischen Renaissance und industriellen Revolution mit bisweilen beunruhigender Fruchtbarkeit über sich selbst und die Welt hervorgebracht hat. Wir werden versuchen, die stärksten Bilder heranzuziehen, die aussagekräftigsten Diskurse und Ideen zusammenzufassen, als deren Träger der Westen sich darstellt und in der er, fast wider Willen, die von ihm beherrschte Welt einsperrt.

Man mag der einen oder anderen Vereinfachung, Kurzdarstellung oder summarischen Erwähnung anthropologischer Philosophien widersprechen und auf dieses oder jenes Werk verweisen, das sich nicht in die hier kritisierte Denktradition einfügt. Doch der vorliegende Essay versteht sich nicht als kritische Summe des westlichen Denkens, das sich im Übrigen nicht leicht fassen lässt. Unser Vorhaben ist bescheidener. Wir wollen versuchen zu zeigen, dass die individualistische Rationalität, die sich der Westen zugute hält, keineswegs so klar auf der Hand liegt, wie eine Reihe von starken Bildern und Diskursen nahe legen, die ich als narzisstisch bezeichnen möchte, Abscheidungen einer mythischen Sprache, die sich im Laufe der kulturellen Moderne des Westens herausgebildet hat. Diese Bilder und Diskurse haben in die Alltagskultur des wohldenkenden Bürgers Eingang gefunden und drängen sich ihm als das Selbstverständlichste von der Welt auf, als axiomatisches Schema seiner Weltwahrnehmung. Und diese so überaus geläufigen Vorstellungen werden von den tonangebenden Presseorganen und Medien ebenso verstärkt und gehämmert wie vom Mainstream akademischer Forschungen. Letzterer zeigt sich mehr denn je befangen in der Weber'schen Soziologie – die wir des Öfteren erwähnen werden – und in anthropologischen Denktraditionen, die die Gesellschaften binär klassifizieren und zu Idealtypen versteinern, die der Komplexität geschichtlicher Entwicklungen und den Gegebenheiten vor Ort kaum gerecht werden.

Die Soziologie Max Webers, die die Sozialwissenschaften nach wie vor beherrscht, führte eine idealtypische Klassifizierung ein, die die Welt in moderne, rational orientierte Gesellschaften und »charismatische« oder »magische« Gesellschaften sortiert, wobei in Letzteren Religion, Familienbande und die charismatische Figur eines patriarchalen Führers den Ton angeben. Die Anthropologen haben dieser Unterscheidung in »traditionelle« vorkapitalistische und moderne Gesellschaften die höheren Weihen verliehen. Von einigem Einfluss war auch das 1912 erschienene Werk Émile Durkheims über *Die elementaren Formen des religiösen Lebens,* das diese dichotomische Sichtweise bestätigt. Durkheim unterstreicht die Bedeutung des Religiösen in der Strukturierung der Gesellschaften, behauptet jedoch gleichzeitig, das moderne Europa hätte sich im Gegensatz zu den primitiven Gesellschaften aus dem Religiösen herausgearbeitet.

Aus Durkheims wie aus Webers Werk spricht eine starke Sehnsucht nach der die Gesellschaft prägenden Rolle der Religion beziehungsweise der idealisierten Vorstellung, die sie sich von ihr machen. Weber beschreibt die Geschichte der westlichen Moderne als »Entzauberung« der Welt, als Abschied von der magischen Welt der Religion. So zeitigt die technisch-industrielle Zivilisation Europas eine Denktradition, in deren Mittelpunkt Begriffe wie Entzauberung, Entwurzelung, Verlust der Herkunft, Angst vor Verfall und Untergang stehen, eine Denktradition, die die außereuropäischen Völker und deren Entwicklung unter dem Einfluss der westlichen Moderne mit einer Mischung aus Faszination und Ablehnung betrachtet. Serge Moscovici, der die Bedeutung der Werke Durkheims und Webers vielleicht am deutlichsten herausgearbeitet hat, spricht daher zurecht von einer »Institutionalisierung« der Melancholie.[8]

Moscovici gelangt in seiner Analyse des Durkheim'schen Werks, insbesondere der erwähnten Schrift über *Die elementaren Formen des religiösen Lebens,* die er als »Durkheims vollendetstes Werk erachtet«, zu dem Urteil: »Es ist in einem undurchsichtigen, abweisenden Soziologenstil geschrieben, der einem die Lust an der Lektüre verdirbt. Hört man jedoch ein wenig genauer hin, quillt eine bezaubernde Musik durch den Text, wie ein unterirdischer Fluss, dessen Murmeln einen im Wald begleitet. Man ist sprachlos. Die Zunge des Gelehrten löst sich, um sich zur Zunge des Propheten und Visionärs aufzuschwingen. Als ich sie vernahm, verstand ich, weshalb er nahe stehenden Personen immer wieder ins Gedächtnis rief: ›Ihr dürft nicht vergessen, dass ich Sohn eines Rabbiners bin.‹ Jedenfalls offenbart uns seine Religionstheorie besser die Gleichung zwischen sozialer Tatsache und moralischer, wenn nicht gar psychischer Autorität. Sie markiert den Höhepunkt seiner Soziologie. Alle früheren Arbeiten erscheinen im Vergleich zu diesem großen Buch wie die Fingerübungen des Pianisten oder die Skizzen des Malers.«[9]

Die von Moscovici bemerkte Melancholie mündete in den Pessimismus eines Spengler, Kierkegaard und Heidegger, die das Unbehagen der westlichen Gesellschaft philosophisch systematisierten. Heidegger war der Großtheoretiker einer angeblichen Befreiung von der Metaphysik, die die »Modernen Zeiten« und die technische Zivilisation dem Westen bescherten. Damit war eine weitere Etappe in der Entzauberung des Westens erreicht, und dies just in einer Zeit, in der der Westen auf dem Höhepunkt seiner Macht angelangt war. Nun hatte er nur noch sich selbst zum Gegenüber, und die dadurch bewirkte Verwandlung in ein »neues Wesen«[10] rief in ihm neue Angst hervor. Wie sich diese Angst auf das Verhalten des Westens auswirkte und auswirkt, werden wir weiter unten ausführlicher darstellen.

Die »unvollendete Suche« nach einer besseren Welt

Weil es also nicht leicht ist, sich aus der selbstgestrickten Zwangsjacke des Westens zu befreien, wird der vorliegende Essay einen mitunter scharfen Ton anschlagen, teils um bequeme Gewissheiten zu erschüttern, die sich vielfach als billige Klischees erweisen, teils um scheinbar Evidentes seiner angemaßten Rationalität zu entkleiden.

Trotz der beißenden und mutigen Kritik, der Karl Popper die meisten Begriffe des westlichen Denkens unterzog – im Besonderen das Weltverständnis Hegels, in dem Popper den Ursprung aller totalitären Fehlentwicklungen des modernen Staates sieht – hat sich das gegenwärtige Denken des Westens abermals in narzisstische Selbstbespiegelung versperrt, deren Axiomatik sich durchaus in den Schriften Hegels findet.[11] Zeigen wir uns nicht als gefährlich im Hegelschen Denksystem gefangen, wenn wir vom Okzident und vom Orient, vom Christentum und vom Islam, von Nationen und Religionen so sprechen, als handelte es sich um lebendige Einheiten, Kollektivpersönlichkeiten oder wesenhafte Totalitäten? Popper schrieb hierzu: »Die ›Affäre Hegel‹ wäre kaum der Rede wert, wenn sie nicht zu jenen unheilvollen Konsequenzen geführt hätte, die zeigen, wie ein Clown zu einem werden kann, der Geschichte macht.«[12]

Was Kant im prononcierten Gegensatz zu Hegel als die allgemeingültige Moral eines ethisch motivierten, aufgeklärten Weltbürgertums fasste, ist – wie die Instrumentalisierung der Vereinten Nationen und der Missbrauch des Völkerrechts durch die Vereinigten Staaten Tag für Tag vorführen – zur Karikatur verkommen. Der Westen, der sich mit dem Tod von Faschismus, Kommunismus und Autoritarismus bei sich zuhause beruhigt, hat Poppers starke Kritik, die uns so nützlich sein könnte, aus dem Blickfeld gedrängt. Der Neoliberalismus und die »neuen Philosophen« schlachten ihn mitunter für ihre eigenen Zwecke aus und denunzieren mit zusammenhanglosen Versatzstücken, was in Ländern, die sich den geostrategischen Interessen des Westens nicht fügen wollen, an Verletzungen der Freiheitsrechte vorkommen mag. Diese Konzeption geht auf das Konto von »intellektuellen Eliten«, die im Zusammenhang des Siegs über die Sowjetunion und den Kommunismus Karriere machten und einander umso mehr in narzisstischer Selbstbespiegelung zu übertreffen suchen, als sie zuvor der marxistischen Ideologie das Wort redeten. Nun, da sich der Westen mit Faschismus und Kommunismus vom Hals geschafft hat, was seinem Markenzeichen – der »Rationalität« – am deutlichsten widersprach, kann sich der von Popper so treffend beschriebene »Neo-Tribalismus« mit dem denkbar besten Gewissen ausbreiten. Poppers »unvollendete Suche«, die ständige Infragestellung der Prämissen von Vernunft und Wissenschaft, die allein die Freiheit und den Fortschritt des menschlichen Geistes gewährleisten kann, gilt inzwischen als »verbotene«[13] Suche.

Das Hauptargument des vorliegenden Essays geht also dahin, dass der narzisstische Diskurs des Westens über sich selbst, der seit dem Zusammenbruch der Sowjetunion und dem Ende der marxistischen Ideologien keine Grenzen mehr kennt, den kritischen Diskurs, der einst doch seine Stärke war, zunehmend marginalisiert. Daran schließt sich das Argument an, dass es einen Westen im geographischen und anthropologisch-politischen Sinn längst nicht mehr gibt, da es der europäischen Kultur gelungen ist, die »Welt zu verwestlichen«, die Gesellschaften, in denen die Herrschaft des Westens den heftigsten Widerspruch erfährt, eingeschlossen. Diese Herrschaft nimmt heute beispiellos imperiale Formen an, die man vage als »Globalisierung« beschreibt. Letztere wird begleitet von einem zugleich narzisstischen und messianischen Diskurs, der jede Art der Kritik aus der Welt zu schaffen trachtet. Sollte die Marginalisierung kritischen Denkens weiter fortschreiten, gar in dessen Auslöschung münden, wäre dies für die gesamte Menschheit eine Katastrophe.

Die Marginalisierung des kritischen Gedankens bedeutet einstweilen jedoch nicht, dass er verschwunden wäre. Nach wie vor bereichert kritisches Denken in der westlichen und außerwestlichen Welt unser Wissen mit wichtigen Beiträgen. Persönlichkeiten wie Pierre Bourdieu (der Anfang 2002 vorzeitig verstarb) und Régis Debray in Frankreich, Jürgen Habermas in Deutschland, Eric Hobsbawm in Großbritannien oder Noam Chomsky und Edward Saïd in den Vereinigten Staaten sind in der öffentlichen Debatte nach wie vor präsent.[14] Wird kritisches Denken mitunter sogar in den tonangebenden Medien zitiert, um den Eindruck eines lebendigen demokratischen

Pluralismus zu erwecken, so doch nur in verwässerter Form, umspült von einer Flut konventioneller Sprachregelungen und geistigem Konformismus, der durch die Grundaxiome des narzisstischen Diskurses des Westens strukturiert ist.

Meine Argumentation gegen diese Axiome zehrt vom kritischen Denken des Westens selbst, insbesondere was das Verhältnis zwischen dem Religiösen und dem Politischen anbelangt (wo der narzisstische Diskurs eine Wesensdifferenz sieht). Letztere fußt auf dem, was ich die »trügerische Laizität« der modernen westlichen Kultur nenne, die sich von biblischen Archetypen wie Prophetentum, Auserwähltheitsglaube und Heilstheologie nicht zu lösen vermag. Mag sein, dass sich diese Ideale der Form nach laisiert haben, von der inneren Funktionsweise des religiösen Monotheismus konnten sie sich nicht befreien. Der von der Aufklärung und der Französischen Revolution bewirkte Wechsel der biblischen Archetypen aus der Ordnung des Heiligen in die Ordnung des Profanen ist den Spezialisten der Religion – den Soziologen, Theologen und Philosophen – sowie den Sozialpsychologen wohl bekannt.[15] Die zeitgenössische deutsche Philosophie hat das Fortwirken der christlichen Eschatologie in den Konzeptionen der modernen Geschichtsphilosophie seit der Aufklärung im Übrigen mit Nachdruck herausgearbeitet. Vor allem Karl Löwith legte in seinem Werk »Weltgeschichte und Heilsgeschehen«[16] eindringlich dar, dass das religiöse Heilsschema auch den Geschichtskonzeptionen von Hegel, Spengler, Toynbee, Nietzsche und anderen zugrunde liegt. Für Löwith bleibt die Interpretation der Geschichte bei aller Profanisierung durch den Glauben an Fortschritt und Wissenschaft eine »biblische Interpretation« mit christlichen und jüdischen Varianten. Doch trotz dieser wichtigen Denkströmung, die vor auftrumpfenden Geschichts- und Fortschrittskonzeptionen warnt, hält der politische Mainstream des Westens unerschütterlich an seinem optimistischen Glauben an die Rationalität der Weltgeschichte fest, der er mit seinen Eroberungen in allen Bereichen den Weg weist.

Der narzisstische Diskurs, der die Entwicklung der westlichen Welt zur unerreichten und unerreichbaren Ausnahme der Menschheitsgeschichte verklärt, greift immer mehr um sich. Er hypostasiert die vorgebliche Ausnahmeerscheinung zum Absoluten, fußend auf einer Mythologie der »Vernunft« und der »Selbstbestimmung des Individuums«, die als ureigenste Erfindung des westlichen Geistes im prononcierten Gegensatz zu glaubensorientierten Gemeinschaften stünden. Der Westen, so die Hybris, habe sich seit mehreren Jahrhunderten vom Rest der Menschheit getrennt, sei aus der »magischen« Welt der Religion ausgewandert und habe, wie alle bedeutenden Soziologen, allen voran Max Weber, so eindringlich beschrieben, der Herrschaft der allgemeinen Vernunft zum Durchbruch verholfen. Seither versuche die übrige Menschheit ohne Erfolg den Westen nachzuahmen, sich zu modernisieren, aus ihren »vorkapitalistischen«, religiös geprägten Familien- und Clan-Strukturen auszubrechen. Ein vergeblicher Versuch, fällt sie doch jedes Mal aufs Neue in die Finsternis unhintergehbarer Barbarei zurück.

Dieser Diskurs dreht sich um sich selbst und findet keinen Zugang zur vielschichtigen Entwicklung der Welt. Aus diesem Grund scheinen mir die modischen Diskussionen über den Niedergang der Laizität und die Rückkehr des Religiösen völlig an den realen Problemen und den komplexen Ursachen des Unbehagens in den westlichen und außerwestlichen Gesellschaften vorbei zu zielen. Stets wird der Mythos erneuert, der Westen sei eine Lichtgestalt an Rationalität, die anderen Gesellschaften eine Ausgeburt an Irrationalität. Ein dichter Schleier wird über das Verständnis der Ereignisse geworfen.

Wir wollen hier der Frage nachgehen – und diese Frage zeigt auch die ganze Widersprüchlichkeit der Aufklärungsphilosophie und der daraus hervorgegangenen Ideologien –, ob die Wirkkraft dieser Philosophie erschöpft ist, ob sie heute tatsächlich in den letzten Zügen liegt, oder ob man noch hoffen darf, eine gerechtere und bessere Welt auf sie zu bauen, wenn es nur gelingt, den schädlichen Einfluss des westlich-narzisstischen Diskurses und der ihn begleitenden Bilder zurückzudrängen. Die folgenden Seiten handeln nicht in erster Linie vom System der wirtschaftlichen Globalisierung und der sie organisierenden neoliberalen Ideologie. Diese Kritik sowie Vorschläge zu wünschenswerten Alternativen liegen in den Werken zahlreicher Denker bereits vor.[17] Vielmehr möchten wir die ökonomischen Globalisierungstheorien in den Kontext des theologisch-politischen Denkens einordnen, das den westlich-narzisstischen Diskurs unterfüttert. Wir wollen herausarbeiten, aus welchen Gründen das kritische Denken durch den vorherrschenden pseudo-philosophischen Diskurs marginalisiert wurde, ein Diskurs, der unser Denken auf Problematiken vereidigt, die ohne großes Interesse sind, mit Blick auf die Neurosen und das Unbehagen infolge der weltweiten Verwestlichung jedenfalls keinerlei Bedeutung haben.

In den folgenden Kapiteln verstehen wir unter »europäischer Kultur« die großen Ideen der Renaissance und der Aufklärungsphilosophie. Als »Westen« oder »westliche Kultur« bezeichnen wir hingegen das, was die Vereinigten Staaten ihrem Geburtsort Europa und der europäischen Kultur an Macht, Techniken und Ideen hinzugefügt haben. Heute braucht kein Westler mehr Hegel und Kant, Weber und Durkheim oder Heidegger und Spengler gelesen zu haben, um die ambivalenten Gefühle, die intellektuelle und politische Leidenschaft zu spüren, die die genannten Denker in die uns umgebende Kultur ausgestreut haben. Der Diskurs des Westens über sich selbst und die Welt bleibt vielfach auch in seinen kritischen Aspekten ein in sich geschlossener Diskurs, der sich von den angeblichen Höhen der Hegelschen Philosophie bis in den rasch hingeworfenen, von Stereotypen strotzenden Kommentar des Journalisten und den Spionageroman ergießt, der bis zum Erbrechen die üblichen rassistischen Klischees einhämmert – von den Gelben, Schwarzen, Sowjets, Vietnamesen, Fellachen, Verrückten Gottes, Arabern und was dergleichen mehr ist.

Allzu oft bemängelt das, was die Medien als Kritik am Westen transportieren, nur den angeblichen Verlust an Sinnhaftigkeit. Solche »Kritik« sehnt sich nach einer verzauberten Welt zurück, wie sie den »Modernen Zeiten« vorherging, eine mythische, imaginäre Welt, die die westliche Ontologie fabrizierte, um das angeblich aus der Überlegenheit des Westens resultierende Unbehagen zu erklären. In den Beziehungen zu anderen Völkern und Zivilisationen zeigt sich diese

Sichtweise als krampfhafte Suche nach Exotischem und morbidem Tapetenwechsel. Gott wird dann mit allen möglichen Saucen angerührt, und alles Wissen verliert seine Bedeutung. Klischees und Verallgemeinerungen beherrschen die zirkulären und an Bedeutungslosigkeit einander überbietenden Analysen. Dies gilt wohlgemerkt nicht für den kritischen Diskurs, der die Politik des Westens und deren verheerende Folgewirkungen analysiert und denunziert, ein medial marginalisierter Diskurs, der nur in einigen wenigen Presseorganen und Verlagen ein Zuhause findet, da nur wenige den Mut aufbringen, den neuen »Dissidenten«, die der dogmatischen Weltanschauung die Stirn bieten, das Wort zu erteilen.

Die folgenden Seiten entstanden aus dem Bedürfnis, einen Ausweg zu finden aus den verbohrt im Kreis sich drehenden Überlegungen, die die Welt buchstäblich »entzaubern« oder vielmehr enttäuschen. Wenn es uns nicht gelingt, die Welt ein wenig besser zu verstehen, so laufen wir Gefahr, dass der 11. September 2001 kein isoliertes Drama bleibt, sondern als Modell künftiger Gewalttaten und Vorwand für Freiheitsabbau und gedankenpolizeiliche Einschränkungen Karriere macht.

1. An den Quellen des imaginären Bruchs

Die binäre Weltsicht und das Scheitern der »Dritten Welt«

Wir sind allzu oft Gefangene einer binären Sicht des Daseins: Himmel und Hölle, das Gute und das Böse, Tradition und Moderne, Zivilisation und Barbarei, Orient und Okzident, Größe und Dekadenz, das Ländliche und das Städtische, Natur und Kultur, das Kollektive und das Individuelle, das Heilige und das Profane, das Primitive und das Zivilisierte, die entwickelte und die unterentwickelte Welt. Während des Kalten Krieges sprach man von Ost und West, zwei gegensätzliche Pole, die um die Weltherrschaft rangen. Im Osten der Totalitarismus, im Westen die Demokratie. Im Okzident die Zivilisation, im Orient die Barbarei. Wie wir im Laufe der folgenden Überlegungen noch öfters sehen werden, beschränken diese stets als Gegensätze, Diskontinuitäten, als irreduzibel differente Wesen verstandenen Pole den Horizont unseres Verständnisses der Welt und ihrer Entwicklung.

Der Begriff »Dritte Welt« ist eine Erfindung der sechziger Jahre des vorigen Jahrhunderts. Was er bezeichnete, sollte nicht lange existieren, denn diese vorgeblich Dritte Welt neben dem kommunistischen Osten und dem kapitalistischen Westen entwickelte sich rasch zum Hauptschauplatz der Ost-West-Konfrontation. Die Länder der Dritten Welt bezeichneten sich als »Blockfreie« und organisierten sich in der »Gruppe der 77«, die zum Osten und zum Westen gleichermaßen Distanz halten wollte. Die Gruppe existiert noch heute, hat aber im Laufe der weltpolitischen Ereignisse jede Bedeutung verloren. Sie erhielt Konkurrenz von der Organisation der Islamischen Konferenz (OCI) unter Führung Pakistans und Saudi-Arabiens, zwei Tenöre des Antisowjetismus und Klienten der US-Hegemonie.

Nasser, Präsident des revolutionären Ägypten, Tito, Präsident Jugoslawiens und Held des Widerstands gegen die Nazis auf dem Balkan, Nehru, Ministerpräsident Indiens und Symbol der Emanzipation und der Modernität des Subkontinents – sie waren die laizistischen Gründer der Blockfreienbewegung. Saudis und Pakistanis, durchdrungen vom Koran und dessen heiligen Gesetzen, gründeten 1969 die OCI, mit dem erklärten Ziel, den atheistischen Marxismus in den Ländern der Dritten Welt zu bekämpfen. Die OCI war pro-westlich, wo die Bewegung der Blockfreien sich tendenziell eher auf die Sowjetunion stützte, um die Entkolonisierung voranzutreiben. Der Ölreichtum Saudi-Arabiens sorgte für den Erfolg der OCI[18] und trug wirksam dazu bei, den sowjetischen Einfluss in der Dritten Welt zurückzudrängen – sodass letztere in den Sog der Vereinigten Staaten geriet. Die Bipolarität der Welt verschwand kurze Zeit nach dem unbestreitbaren und totalen Sieg des Westens über den Osten, des Okzident über den Orient, des Kapitalismus über den Sozialismus.

Doch der 11. September zeigt uns in grellen Farben eine »Revolte des Lumpenproletariats« im Orient. Die Infanteristen des Kalten Krieges, die, von den Vereinigten Staaten bewaffnet, ausgerüstet und ausgebildet, nach Afghanistan geschickt wurden, um im Zeichen des moslemischen Glaubens den sowjetischen Eindringling zu bekämpfen, lehnen sich gegen ihren Herrn und Meister auf, greifen die sichtbaren Zeichen seiner Macht an, seine Militärstüzpunkte und Korvetten auf der arabischen Halbinsel, seine Botschaften in Afrika, seine stolzen Türme in New York.

Erhebt sich nun, da der sowjetische Osten besiegt ist, der moslemische Osten gegen den Westen, mit dem er sich verbündet hatte, um die Sowjetmacht zu zerschlagen? So wie das sowjetische Russland, eine »östliche« Macht, die sich mit dem Westen verbündet hatte, um den Nazismus niederzuringen, sich schließlich gegen den Westen wandte und in den Kalten Krieg zog. Was hat es also auf sich mit dieser starken Polarisierung, mit diesem Osten und mit diesem Westen, die einander ohne Unterlass bekämpfen und ablehnen? Ist die Weltgeschichte die Geschichte eines sie strukturell durchziehenden Bruchs, der keinen Ausweg lässt? Von der Schlacht bei Marathon 492 v. Chr., wo die Griechen die Perser in die Flucht schlugen, bis zur amerikanischen Intervention in Afghanistan – sind Osten und Westen zu einem gnadenlosen Kampf verdammt? Sind sie einander für ewig fremd?

In Wirklichkeit ist unsere Vorstellungswelt von einfachen, aber starken Bildern beherrscht, die uns aufs Klischee und Vorurteil festlegt und sich aus den bereits erwähnten, künstlichen binären Gegensätzen herleiten. Der Osten sei mystisch, irrational, gewalttätig; der Westen rational, laizistisch, technikorientiert, materialistisch, demokratisch. Kurz, der Osten gilt den Westmenschen als Reich der Barbarei. Und die Ostmenschen erwidern solche Höflichkeit: In ihren Augen ist der Westen der Inbegriff von Barbarei, ein Kontinent ohne Seele und ohne Religion, eine berechnende Machtmaschine der Habsucht, die die Welt durch Krieg, Wissenschaften, Technik, ungleichen Handel, Ausbeutung der Frau zu beherrschen sucht. Hinter diesen Bildern stehen beiderseits der Bruchlinie große literarische und akademische Traditionen. Wir werden darauf noch zurückkommen.

Der Mittelmeerraum: Epizentrum des Bruchs zwischen Ost und West?

Wo aber verläuft die Bruchlinie? Was strukturiert, was organisiert sie? Das ist das Hauptproblem. Ist es die Religion, die Sprache, die Rasse, die Zivilisation? Und unsere kleine Mittelmeerwelt – ist sie das Epizentrum dieser Bruchlinie? Die Griechen und die Perser, die Römer und die Karthager, die Moslems – zunächst die Araber, später die Türken – und das katholische Europa: Kämpften diese antagonistischen Binome nicht um die Vorherrschaft im Mittelmeer, dem Sitz unserer alten und modernen Ethnozentrismen?

Hat der Islam Europa nicht zwei Mal belagert? Das erste Mal im Westen, mit der Eroberung Spaniens; das zweite Mal im Osten, wo er bis vor die Tore Wiens gelangte? War das christliche Europa nicht seit jeher eingekreist von einem moslemisch schillernden Meer, von den Küsten Marokkos bis zum Balkan? Und hat das christliche Europa den moslemischen Osten nicht seinerseits zwei Mal belagert? Zunächst mit den Kreuzzügen, einige Jahrhunderte später mit dem kolonialistischen Vormarsch der Russen, Franzosen, Briten und Italiener, von Marokko bis ins moslemische Zentralasien. Sind die Lebensauffassungen, Religionen, Sitten und das Entwicklungsniveau beiderseits des Mittelmeers nicht so entgegengesetzt, dass man in der Tat von einem Bruch, einer undurchlässigen Grenze zwischen zwei einander fremden Welten sprechen kann? War der 11. September nur eine weitere Episode im Jahrhunderte alten, erbittert geführten Kampf zwischen Orient und Okzident?

Sollte dies zutreffen – wo steht in diesem Schema derjenige Teil des Ostens, der nicht zum Mittelmeerraum und zur moslemischen Welt gehört? Der Ferne Osten, die Welt der »gelben Gefahr«? Auch diesen Osten, der mit den Moslems und den Arabern nichts zu tun hat, erklärte der Westen zur »fremden Welt«. Es ist der Osten der Chinesen und der Japaner, die eine reichhaltige Populärliteratur als kleine gelbe Männchen mit undurchdringlichem Gesicht, als »hinterlistig« und geheimnisvoll vorführt. Letztere haben dem Westen diese Verachtung im Übrigen mit gleicher Münze heimgezahlt. Für die Untertanen des Reichs des Himmels oder der aufgehenden Sonne war der Westmensch der Inbegriff des »Barbaren«. Der weiße Mann erschien ihnen als vulgär und cholerisch, unfähig seine Gefühle zu beherrschen, nur darauf bedacht, seine Religion und seinen Handel durchzusetzen. Ist dieser Ferne Osten nicht das Sinnbild eines noch viel tieferen Bruchs als desjenigen, der im Mittelmeerraum zwischen Europäern auf der einen Seite, Arabern, Türken, Iranern usw. auf der anderen Seite verläuft? Tiefer als der Bruch zwischen diesen verfeindeten Nachbarn, die sich wie alle Nachbarn wohl recht gut kennen, während es weitaus schwieriger ist, sich mit der hermetischen Welt der Chinesen und Japaner bekannt zu machen?

Allein, der tief gehende Bruch zwischen den »Gelben« im Osten und den »Weißen« im Westen scheint heute verschwunden, zumindest nicht mehr von derselben Feindseligkeit, demselben Rassismus geprägt wie Mitte des 20. Jahrhunderts, als die »gelbe Gefahr« für

Angst sorgte. Wie und weshalb diese Bruchlinie verschwand, ist eine interessante Frage. Wahrscheinlich hängt dies mit dem Erfolg des »Ostens« zusammen, und zwar nicht nur auf ökonomischem Gebiet, wie im Fall Japan, sondern auch in militärischen Angelegenheiten. China bewies seine Macht schon während des Koreakriegs und entwickelte später eigene Atomwaffen. Vietnam war in der Lage, die französischen Kolonialtruppen, später auch die amerikanischen Streitkräfte zum Rückzug zu zwingen. Dem Kräftegefälle zum Trotz bezwangen die Vietnamesen mit ihrer Entschlossenheit, ihrem Organisationstalent und ihrer Opferbereitschaft den Willen des Westens zur Herrschaft. Dieser Umstand hat die westliche Wahrnehmung des Fernen Ostens sicherlich beeinflusst.

Siegreicher militärischer Widerstand nötigt stets Respekt ab. Dies gilt ebenso für die Türken unter Mustafa Kemal Atatürk, denen es gegen Ende des Ersten Weltkriegs gelang, die auf osmanischem Territorium stehenden westlichen Truppen zu schlagen, die das Land in Stücke reißen wollten. Seither hört man im Westen selten abfällige Bemerkungen über die Türken, während sie das ganze 19. Jahrhundert hindurch, als das im Niedergang begriffene Osmanische Reich sich nicht wirksam zu verteidigen wusste, mit den schlimmsten Schimpfworten bedacht wurden – wovon im heutigen Vokabular noch der »Kümmeltürke« fortwest. Die Türken konnten die Schmach also abwenden, nur die Araber, die sich der Herrschaft des Westens nicht entziehen konnten und seit ihrer Unabhängigkeit jeden Krieg verloren, werden im Westen nach wie vor von oben herab betrachtet.

Die Araber selbst, geplagt von unglücklichem Bewusstsein und Unbehagen, schwanken in ihrer Wahrnehmung der westlichen Lebensweise meist schizophren zwischen Faszination und Ablehnung. Sie pflegen vereinfachende Klischees über den Westen, die den Leitgedanken der westlichen Romantik und der pessimistischen Philosophie der Entzauberung – auf die wir noch genauer eingehen werden – nicht unähnlich sind. Erinnern wir uns jedoch, dass seit der ägyptischen Militärexpedition Napoléon Bonapartes 1798 keine arabische Gesellschaft hinreichende militärische Fähigkeiten aufbauen konnte, um sich selbst zu verteidigen. Nach dem Ersten Weltkrieg gelang es den Franzosen und Briten mit kleinsten Truppenverbänden, sämtliche arabische Länder in ihre Gewalt zu bringen. Diese waren zu keiner Zeit im Stande, der einen oder der anderen Kolonialmacht militärisch entgegenzutreten. Nach der Unabhängigkeit zeigten die spektakulären Niederlagen gegen Israel (1956, 1967 und 1973), im späteren Golfkrieg auch gegen die Vereinigten Staaten, dass diese militärische Ohnmacht andauert. Und nicht zuletzt diese Ohnmacht erklärt die abschätzige Wahrnehmung der Araber, deren militärische Schwäche inneren Zwistigkeiten Vorschub leistet und das pathetische Schauspiel einer enterbten Region bietet.

Die moderne Türkei hingegen hatte keinen Komplex, Mitglied der Nato zu werden und die Stationierung amerikanischer Truppen auf ihrem Hoheitsgebiet zu erlauben. In Saudi-Arabien wiederum fungiert gerade die Anwesenheit amerikanischer Truppen als Brennpunkt der virulent antiwestlichen Ideologie von Osama Bin Laden und seinem Kämpfer-Netz. Die Türkei übernahm unter Atatürk laizistische Institutionen, nachdem sie zuvor der Sitz des letzten der islamischen Großkalifen war. Allerdings ist sie trotz Laizismus und Nato-Mitgliedschaft noch immer kein vollwertiges EU-Mitglied. Europa hat sichtlich Schwierigkeiten, die Grenze zwischen Orient und Okzident durchlässiger zu gestalten. Die arabische Welt und Pakistan wiederum stehen der Laizität, die in der islamistischen Literatur – wie wir noch sehen werden – als Kriegsmaschine des Westens gegen den Islam denunziert wird, nach wie vor feindlich gegenüber (siehe auch Kapitel 6).

Heute jedenfalls scheint die Bruchlinie wieder dort zu verlaufen, wo sie anfänglich zu Tage trat, im östlichen Mittelmeerraum und im »moslemischen« Kleinasien, in jenen Ländern also, die die Existenz Israels ablehnen und koranschwingend ihre Westfeindschaft verkünden. Indes, so schlicht lässt sich die Unordnung in der Welt nicht analysieren. Denn wenn der Bruch durch den Religionsunterschied strukturiert ist, wie erklärt sich dann, dass er einst den Zerfall der christlichen Kirche verursachte?

Wie konnte Byzanz, die Tochter des antiken Griechenland und des Römischen Reichs, sich von Rom trennen – was die arabischen Invasionen des 7. Jahrhunderts und die Islamisierung des südlichen und östlichen Mittelmeerraums, der Wiege des Christentums, so sehr erleichterte. War das Byzantinische Reich ein Reich des Ostens oder ein Reich des Westens? Zu welcher Welt gehörte dieses am Schnittpunkt zwischen Europa und Kleinasien gelegene Reich, das in der historischen Erinnerung des Westens durch Abwesenheit glänzt? Wenn besagte Bruchlinie so einschneidend und nachhaltig wirksam wäre, wie es den Anschein hat, wie erklärt sich dann, dass dieses »hybride« Reich mehr als zehn Jahrhunderte überdauerte? Wie konnte das Hellenische Reich, das dreizehn Jahrhunderte lang über Kleinasien herrschte, so sang- und klanglos untergehen? Wie war es möglich, dass die Feindschaft zweier Kirchen gleichen Glaubens schließlich, im Jahr 1204, in die Brandschatzung von Byzanz durch die Kreuzfahrer mündete? Aus welchen Gründen wanderte das Christentum – eine semitische Religion, die im Orient entstand und dort 700 Jahre lang triumphierte – in den Westen aus und überließ dem Islam sein Herkunftsgebiet? Wie kommt es, dass das Judentum – eine Religion, die den Monotheismus begründete, die als Symbol des semitischen Geistes gilt, die im Westen jahrhundertelang gemartert wurde und durch den Nazismus fast ausgerottet worden wäre – heute in allen großen westlichen Ländern eine solche Renaissance erlebt? Warum gelingt es dieser Religion semitischen Ursprungs nicht, im »semitischen« Osten, wo sie einst blühte, Fuß zu fassen, es sei denn auf gewaltsame und konfliktträchtige Weise?

Wenn die Religionen gesellschaftlich so prägend sind, wie man sagt, warum erlebte das Christentum dann im Osten wie im Westen innere Zerreißproben und Häresien? Warum wurde das große Schisma zwischen Katholiken und Protestanten zum Ausgangspunkt einer tief greifenden Veränderung des Christentums, beginnend mit den mörderischen Religionskriegen, in denen sich die Konturen der kulturellen Vielfalt des modernen Westens abzeichneten? Und der Islam, dem man üblicherweise einen ganzheitlichen Anspruch und eine die Gesellschaft integrierende Funktion zuschreibt: Warum wurde auch er fortlaufend von Schismen zerrissen, warum brachte auch er zahllose Sekten und religiöse Schulen hervor? Durchwirkt die Kluft zwischen Sunniten und Schiiten nicht bis zum heutigen Tag viele moslemische Gesellschaften?

Fragen über Fragen, die mit allzu simplen Gewissheiten aufräumen, mit jenen imaginären Axiomen, die Ängste, Spannungen und Feindseligkeiten schüren. Im Folgenden wollen wir versuchen, die diversen Kulturneurosen, die sich dadurch herausgebildet haben, zu beschreiben und auf ihre Wurzeln zurückzuverfolgen.

Der Mythos von der Spaltung der Welt zwischen Ariern und Semiten

Der geistige Ursprung des Bruchs zwischen Orient und Okzident lässt sich in den Werken der europäischen Sprachforscher finden, die ihrer Sprachkarte eine angebliche Spaltung der Welt in semitische und indoeuropäische Völker zugrunde legten. Diese Aufspaltung prägte anschließend sämtliche gelehrte und populärwissenschaftliche Diskurse über den Bruch zwischen Morgen- und Abendland. Die Arbeiten von Ernest Renan, Georges Dumézil und Mircea Eliade stützten sich auf Ergebnisse der Sprachforschung, die eine Klassifizierung der Sprachen nach gemeinsamer Herkunft vornahm. Demnach seien die indoeuropäischen Sprachen das Privileg einer als Rasse verstandenen arischen Gruppe, während die semitischen Sprachen dem alten Orient der Babylonier, Aramäer, Hebräer und Syrer, später auch der Araber und anderer Völker moslemischen Glaubens angehörten.

Sprache, Mentalität und Rasse sollen in einem wechselseitigen Entsprechungsverhältnis stehen. Der Religionswissenschaftler Maurice Olender schrieb hierzu: »Die Rasse – die nach körperlichen Merkmalen definierte der Anthropologen ebenso wie die ›sprachliche Rasse‹ bei Renan – ist so beschaffen, dass kein Weg in sie hinein, keiner aus ihr heraus führt. Jeder ist auf seine Sprache, also auf seine Religion, ebenso festgelegt wie auf seine Hautfarbe.«[19] Olender weiter:

»Im postrevolutionären Westen unserer Tage, der in einer nationalen und religiösen Identitätskrise steckt, begeben sich nicht wenige Gelehrte – mit oder gegen Darwin – auf die Suche nach geeigneten Urahnen, um sich selbst in der Gegenwart besser zu verstehen, auch um sicheren Schritts in die Zukunft zu gehen und deren Sinn zu ergründen.« Jean Lambert hat diesen Sachverhalt in Anspielung auf den Titel eines Buchs von Maurice Olender auf den Punkt gebracht: »Das 19. Jahrhundert erfand mit den Ariern und den Semiten ein ›Paar der Vorsehung‹, das den christianisierten Westmenschen das Geheimnis ihrer Vorherrschaft über die Welt offenbart.«[20]

Es ist im Übrigen interessant, dass Spengler in seinem bereits erwähnten Werk die Untersuchung dieser Sprachen und Völker in ein einziges großes Kapitel drängt, das er mit »Probleme der arabischen Kultur« und nicht zum Beispiel mit »Probleme der mesopotamischen Kultur« überschreibt.[21] Auch Spengler verortet in der Antike einen Bruch zwischen griechischer und aramäischer Welt und sieht, dem von rassentheoretischen Versatzstücken durchsetzten Vorurteil Weber'scher und Durkheim'scher Provenienz folgend, das zivilisatorische Geschehen maßgeblich durch die Religion geprägt. »Wachsein, Religion und Sprache sind innerlich viel zu nahe verwandt, als dass die vollständige Trennung eines griechischen Sprachgebiets der Pseudomorphose und eines aramäischen der eigentlich arabischen Landschaft nicht seit dem Jahre 70 zwei Sondergebiete magischer Religionsentwicklung geschaffen hätte.«[22] Jack Goody, auf dessen Arbeiten wir im folgenden Kapitel noch zu sprechen kommen werden, hat demgegenüber in schlagender Weise gezeigt, dass sich Okzident und Orient strukturell erst sehr spät, mit der Industriellen Revolution, auseinander entwickelten.

Wenn das stimmt, welche Religionen waren es dann, die als »semitische« so leicht auswanderten und sich den arischen »Völkern« in den Pelz setzten? Der Islam in Persien und in Indien? Das Christentum und das Judentum in Europa? Wenn man an die flammenden rassistischen Tiraden des großen Ernest Renan über die »Schwerfälligkeit« des im Islam verkörperten semitischen Geistes denkt, wie lässt sich da noch begreifen, dass die semitischen Religionen mitten unter den arischen Völkern eine ungeheure Verbreitung gefunden haben? Wie kommt es, dass der Iran, der arische Boden schlechthin, dem Islam nachgab und uns im 20. Jahrhundert das große Schauspiel einer religiösen Revolution vorführte? Warum zieht sich das moslemische Persien in der Beschreibung des Rassentheoretikers Gobineau nicht ähnlich islamfeindliche und abwertende, ja beleidigende Bemerkungen zu, wie man sie bei Renan findet?[23]

Folgen wir der Erklärung von Maurice Olender: »Einmal wiederentdeckt konnte das arische Vaterland für eine abendländische Menschheit auf der Suche nach Legitimität die Rolle des neuen Ahnherrn spielen. Neben zahlreichen anderen, zur Geschichte der Geisteswissenschaften gehörigen Funktionen haben die indoeuropäischen Forschungen auf im 19. Jahrhundert dringlich gewordene Fragestellungen neue Antworten geben können. Fragen, die an die Herkunft und Berufung eines sich in nationaler, politischer und religiöser Identitätskrise befindenden Abendlandes rühren.«[24] So diente die Fabel von der indoeuropäischen oder – wie gewisse Autoren schrieben – indogermanischen Herkunft des Westens, die dessen größere Dynamik und Überlegenheit begründe, zur Begründung der angeblichen Höherstellung des Westens in der Rangordnung der Zivilisationen. Wohl habe der semitische Orient dank des Judentums den Monotheismus erfunden, doch seither bewege sich dort nichts mehr. Die Zugehörigkeit zur arischen Rasse, so der Mythos, verschaffe Europa die Dynamik und Kreativität, die den Aufschwung des Westchristentums bewirkte, auf das sämtliche großen modernen Philosophien aufbauen.

Ein Universitätsprofessor aus Montreal, der mit großer Detailgenauigkeit die Bedeutung des Christentums für den Machtzuwachs des Westens und die herausragende Rolle der orientalischen Stadt Antiochia für die Entwicklung des Christentums beschrieb, ließ sich dadurch nicht hindern, den Grund dieses Zusammenhangs derart zu »arisieren«, dass er allein dem Westen Verdienste um die Entwicklung des Christentums zuschreiben mag: »Es sollte freilich nicht vergessen werden, dass die alte Weltstadt Antiochia, die Metropole eines mit indoeuropäischem Blut getränkten Landes, ›Mittelpunkt und Auge der Christenheit‹, wie sie auf dem Konzil von Nizza (325) genannt wurde, sich dank ihrer toleranten Weltoffenheit zum strahlenden Zentrum des Westchristentums entwickelte.«[25] Derselbe Autor ist der Ansicht, dass sich die Kraft des Hellenismus nicht seiner Ausdehnung auf den Orient verdanke, sondern den »zahlreichen Invasionen aus dem Norden, von denen wir gewissermaßen allein die der Ionier, Achaier und Dorer kennen«. Nur dass diese Wanderungsbewegungen dem griechischen »Wunder« mehrere Jahrhunderte vorangingen! Dasselbe Spiel mit Rom; auch hier muss der Herr Professor unbedingt auf das arische Element pochen: »Die zivilisatorische Großmacht Rom in ihrer Bedeutung als indoeuropäischer Außenposten hätte freilich nicht verhindern können, dass Europa in den Schoss Asiens zurückfällt, wäre es den europäischen Hauptländern durch die zwischenzeitliche Germanisierung und Keltisierung nicht gelungen, sich nicht nur aufrechtzuerhalten, sondern kulturell auch die offensive Kraft des Westens zu organisieren.«[26]

Mit Hilfe dieser pseudowissenschaftlichen Grenzziehung zwischen Ariern und Semiten distanzierte sich das westliche Denken auf mythologischem Wege von der östlichen »semitischen« Welt und zog jene Bruchlinie, die bis zum heutigen Tag die beiderseits des Mittelmeers maßgeblichen, vielfach von Feindseligkeit geprägten Wahrnehmungen der jeweils anderen Seite kennzeichnet. »Eine der Fragen, die zahllose Schriften bewegt, bestand darin herauszufinden, wie mit diesem wichtigen Geschenk des Herrn umzugehen sei, diesem hebräischen Monotheismus, der im Hinblick aufs 19. Jahrhundert ständig zwischen dem Erhabenen und dem Abscheulichen oszilliert – je nachdem ob man seinen Blick auf dessen christliche Seite richtet oder nicht. Die Lösung bestand oft, auf verschiedenen Wegen, in dem Beweis, dass dieser zunächst ungeteilt himmlische Schatz dank des arischen Genius zu universalem Rang gelangte. Die Aneignung einer Vergangenheit, welche man wunderbar nannte, kam auf diese Weise als etwas Zukünftiges zustande. Die Untersuchungsverfahren, die Arten, linguistische Fakten zu definieren, die Völker und ihre Überlieferungen zu klassifizieren, waren den begrifflichen Werkzeugen, derer man sich bediente, nicht fremd.«[27]

Schlimmer noch, aus der arischen Ideologie, die Ende des 19. Jahrhunderts alle Bezüge zum monotheistischen Grundbestand aufgab und spezifisch germanische Legenden entwickelte (die von dem großen Musiker Richard Wagner aufgegriffen wurden), ging die gewalttätigste Form des Antisemitismus hervor, der eliminatorische Antisemitismus der Nazis. Die Vernichtung der jüdischen Gemeinden Europas zielte darauf ab, die arische Rasse von allem zu »reinigen«, was an die orientalischen und semitischen Ursprünge der westlichen Zivilisation erinnerte. So suchte der Nazismus eben jenen imaginären Bruch, den die westlichen Usprungsmythologien über die Sprache im 19. Jahrhundert entwickelt hatten, Realität werden zu lassen und zur Vollendung zu bringen. (Weiter unten, im sechsten Kapitel, werden wir sehen, wie die westliche Kultur das jüdische Erbe in den vergangenen dreißig Jahren erneut in sich aufgenommen hat, allerdings um den Preis einer immer deutlicheren Ausgrenzung des Islam und einer Sakralisierung des Staates Israel, der als »Transsubstantiation« des Holocaust figuriert.)

Derselbe Mythos von der Spaltung der Welt in Arier und Semiten liegt dem Klischee zugrunde, Araber und Juden müssten sich in Palästina vertragen können, da sie aufgrund ihrer semitischen Abstammung doch rassenverwandt seien. Deshalb sei der israelisch-arabische Konflikt, der von korrupten arabischen Diktaturen geschürt werde, rein künstlicher Natur. Die nach Palästina eingewanderten Polen, Ungarn, Tschechen, Ukrainer und Russen jüdischen Glaubens, deren Vorfahren seit mindestens eintausend Jahren in Europa zuhause waren, würden sich im Nahen Osten nur zu ihren arabischen »Rassengenossen« gesellen. Unerträglich wird das Klischee im Mund von Arabern, die behaupten – und dies vielfach aus Überzeugung –, Israelis und Araber würden sich schließlich doch noch verstehen, weil die einen wie die anderen Semiten seien. Die sich hier kundtuende Verwestlichung, auf die wir im dritten Kapitel noch näher eingehen werden, betrifft heute sämtliche Kulturen.

Ein weiteres Problem mit dem Verlauf dieser Bruchlinie sind die Slaven, die ebenfalls bis zur Mittelmeerküste vordrangen. Auf welcher Seite des imaginären Limes sind sie anzusiedeln? An den östlichen Ausläufern Europas? Dort wo der Orient beginnt? Sollte Europa nur die äußerste Spitze Asiens sein?[28] Und die Russen: Gehören sie zum Morgen- oder zum Abendland? Wirft sie die Übernahme des orthodoxen Christentums in die orientalische Barbarei zurück? Wie lässt sich das kommunistische Abenteuer und die Diktatur des Proletariats erklären, jener säkularen Religion, die im Herzen des Okzident entstand und dort erbarmungslos bekämpft wurde? War der russische Kommunismus nur eine schlechte Replik auf den angeblichen Absolutismus der orthodoxen Kirche?[29] Die Russen selbst fanden nie zu einem klaren Selbstverständnis, und lange Zeit lieferten sich die »Slavophilen«, überzeugt vom eigentümlichen Geist ihres Volkes, von seiner Spiritualität, seiner Mystik, seinem inbrünstigen Glauben, einen ideologischen Krieg mit den »Westlern«, die Russland in primitiver Barbarei wähnten und eine »Europäisierung« für nötig hielten.

Weshalb hatten die Slaven, immerhin überzeugte Christen, im Unterschied zu den Spaniern keine Probleme, sich unter die diversen moslemischen, kaukasischen und asiatischen Völkerschaften zu mischen, deren Siedlungsgebiet sie dem Persischen und dem Osmanischen Reich abrangen, als letztere im Niedergang begriffen waren? Die Logik, die jene Bruchlinie durchwalten soll, erweist sich mithin als durchaus ungreifbar, der Grenzverlauf als ständig in Bewegung. Und vielmehr dreht sich diese Linie wie ein Brummkreisel, wandert hin und her, verändert die Farbe und wechselt den Diskurs – und gibt sich so als wahre Eulenspiegelei, als Trugbild unserer machtpolitischen Fieberfantasien zu erkennen.

Die Moral als Helfershelfer von Macht und Gewalt

Denn die Macht muss die Kriege, die sie vom Zaun bricht, stets rechtfertigen. Ob antike oder moderne Eroberer, griechische Stadtstaaten oder Imperien, Königtümer oder Nationalstaaten – alle müssen sie die Ausweitung ihres Machtgebiets legitimatorisch begründen. Im Umkreis der wie auch immer institutionalisierten Macht stehen Dichter, Schriftsteller, Volkstribunen, Akademiemitglieder und Gelehrte bereit, Festungen der Feindseligkeit und Angst zu errichten. Der nackte Machttrieb, der die großen Völkerwanderungen der Germanen, Franken, Westgoten, Wikinger, Mongolen und Chasaren in Gang setzte, wird mit der Einführung von Religion, Moral, Gesetz und Institutionen unmöglich: Niemand kann mehr auf Eroberung gehen oder in den Krieg ziehen und andere töten, ohne Rechtfertigungsgründe vorzubringen. Legitime Gewalt wird nun im Namen dieser Moral oder jener Religion oder der Überlegenheit einer bestimmten Lebensweise – kurz: im Namen der »Zivilisation« – ausgeübt. Die Gewalt dient fortan »selbstlosen« Zwecken, Krieg wird um des Friedens willen geführt, unseres eigenen ebenso wie desjenigen unserer näheren und entfernteren Nachbarn, die dadurch in den Genuss der Wohltaten unserer Religion oder unserer Zivilisation gelangen. Was wohl die nordamerikanischen Indianer und die südamerikanischen Indios dazu sagen würden! In Jesu Namen hat man sie dezimiert und ihre Institutionen und ihre Religion in Stücke geschlagen. Gab es auf dem amerikanischen Kontinent einen Orient und einen Okzident?[30]

Nichts als dummes Geschwätz also, diese Bruchlinie. Angesichts der Vielfalt und Unterschiedlichkeit in der Welt kann es nur verwundern, wie viele große Geister sich dazu hinreißen ließen, das Mannigfache ins Stereotyp zu pressen, in die binäre Logik des »Ihr« und »Wir«. Die Fabrizierung von Vorurteilen in den »hochzivilisierten« Ländern ist ein Ungeheuer, das der Fortschritt des menschlichen Geistes nicht aufhalten konnte. Wie neuere Untersuchungen zeigen, trugen selbst die größten Philosophen der Aufklärung, denen wir so viel verdanken, zur Entstehung der modernen nationalen Vorurteile bei.[31] Andere unter diesen Philosophen predigten im Namen der Menschenrechte zwar die Abschaffung der Sklaverei, ließen ihren Worten und Schriften jedoch keine Taten folgen und setzten ihre eigenen Plantagensklaven in den Kolonien vielmehr nicht frei.[32] Dieselben unglückseligen Widersprüche finden heute ihre Fortsetzung in der internationalen Politik der demokratischen Länder. Denn trotz des modernen Grundsatzes allgemeiner Gleichheit vor dem Gesetz, folgen die großen Demokratien nicht in allen Konfliktsituationen denselben Regeln: Entweder sie gewähren Schutz, oder sie verhängen Strafe. Weiter unten werden wir noch sehen, wie sehr dieses Auseinanderklaffen von Wort und Tat die Ausbreitung der Demokratie in der Welt unterminiert.

Wenn es die Bruchlinie zwischen Orient und Okzident aber gar nicht gibt, wie erklärt sich dann die Überlegenheit des Westens, seit er im 16. Jahrhundert begann den Fortschritt der Menschheit anzuführen? Begründet und legitimiert nicht diese technische Überlegenheit die – wie Sophie Bessis[33] formuliert – »Kultur der Vorrangstellung«, die der Westen seit der Renaissance hervorkehrt?

2. Dekadenz – Renaissance: eine geheimnisvolle Alchemie

Die europäische Renaissance: die Eitelkeit monokausaler Erklärungen

Dass die Rede vom Westen für uns solchen Evidenzcharakter hat, erklärt sich aus der Tatsache, dass sich dieser Westen seit mehreren Jahrhunderten in allen Bereichen überlegen zeigt. Europa machte dabei den Anfang, kolonisierte und öffnete die Welt, überschritt die Grenzen des Mittelmeerraums, eroberte den Atlantik und Amerika, umging das Osmanische Reich und stieß bis in den Pazifik und das Chinesische Meer vor.

Recht merkwürdig war dabei, dass ein sehr kleines Land, Portugal, eine herausragende Rolle spielte, als Europa aus seiner Kiste sprang, lange bevor die großen Nationen Europas, Frankreich und Deutschland, entstanden. Portugiesische Seeleute und Schiffsbauer machten die entscheidenden Fortschritte und in ihrem Gefolge die Spanier, die sich des Goldes der südamerikanischen Zivilisationen bemächtigten. Die Holländer stiegen ebenfalls zur Seemacht auf und wurden darin von Großbritannien imitiert. Frankreich holte seinen Rückstand auf, nachdem die Französische Revolution die alte Feudalordnung hinweggefegt hatte. Die Industrialisierung Deutschlands begann noch später und nahm erst in der zweiten Hälfte des 19. Jahrhunderts mit der Vereinigung der deutschen Fürstentümer ihren Aufschwung.

Im 16. und 17. Jahrhundert begann sich das Zentrum der Wirtschaftsaktivität von Süd- nach Nordeuropa zu verlagern, wie der Historiker Fernand Braudel meisterhaft beschrieben hat, ohne die Verschiebung völlig erklären zu können.[34] Genua und Venedig verloren ihre Stellung als Handelszentren Europas, und der Mittelmeerraum trat seinen Weg nach unten an. Max Weber schrieb bekanntlich dem protestantistischen Geist eine Schlüsselrolle in dieser Schwerpunktverlagerung zu, die vom Aufstieg des Industriekapitalismus in Großbritannien begleitet war.[35] Noch heute bemühen Analysen über den Einfluss der Religion auf die wirtschaftlichen Verhältnisse die Weber'sche These als Archetypus, doch kann letztere kaum überzeugen. (Weber ließ sich wahrscheinlich von Hegel inspirieren, der in seiner *Philosophie der Geschichte* schrieb: »Zuerst haben wir die *Reformation* als solche zu betrachten, die alles verklärende *Sonne,* die auf jene Morgenröte am Ende des Mittelalters folgt, dann die Entwicklung des Zustandes nach der Reformation und endlich die neueren Zeiten von dem Ende des vorigen Jahrhunderts an.«[36])

Spuren der industriellen und rationalistischen Revolution, die erst noch unterirdisch gärte, lassen sich seit dem 14. Jahrhundert überall in Europa finden. Die Renaissance hat viele Formen; sie entwickelt sich in katholischen Ländern ebenso wie im protestantischen Milieu. Luther und Calvin waren zornige religiöse Metaphysiker, in heutiger Sprache »Fundamentalisten«, die gegen Prunk und Gepränge, auch gegen die Exzesse der katholischen Kirche die »Reinheit« der ursprünglichen Lehre wiederherstellen wollten. Sie idealisierten das Alte Testament und ließen diese alte heilige Geschichte, die das Neue Testament zum alten Erbe geschlagen hatte, erneut aufleben. Auch die Cromwellsche Revolution in England wurde mit Hilfe von Bibelzitaten ausgefochten; es war eine religiös-fundamentalistische Revolution, wie sie im Buch steht, was nicht gerade »modern« anmutet, obwohl Cromwell den monarchischen Absolutismus zurückdrängte. Auch wenn damit eine neue Etappe in der Entstehungsgeschichte der Demokratie begann, die bereits mit der »Magna Carta« von 1215 in England und der Durchsetzung kommunaler Freiheiten im 14. Jahrhundert keimte, bleibt festzuhalten, dass dieser Prozess über die religiöse Ideologie eines »Zurück-zu-den-Quellen« vermittelt war.

Der Versuch, die Vorrangstellung Europas durch eine einzige Ursache zu erklären, ist ein Garagenweg. Es ist wirklich bedauerlich, dass die Weber'sche Protestantismus-These, obgleich mit Bedacht vorgebracht, solch großen Einfluss gewann, wie später auch Renans vorurteilsbehaftete Auslassungen über die »Schwerfälligkeit« des semitischen Geistes. Weber bezog mit seiner These eine geschickte Gegenposition zum marxistischen Fortschrittsgedanken, daher ihr Erfolg, den sie ansonsten wohl nicht verdient hätte. Denn wie ließe sich die europäische Renaissance ohne einen Gutenberg oder Michelangelo, ohne Macchiavelli, Spinoza, Descartes und Galilei denken, die dem Protestantismus und dessen in den Anfängen seiner Entwicklung fundamentalistischen Furien denkbar fern standen?

Der Aufstieg Europas, die Entwicklung des alten Kontinents zu einem Hort von Eroberern, verdankte sich einer Konstellation zahlloser Faktoren künstlerischer, wissenschaftlicher und technischer Art. Mit der Eroberung des atlantischen Raums verlagerte sich das Zentrum der Wirtschaftstätigkeit von Süd- nach Nordeuropa. Auch die industrielle Revolution war das Resultat einer ungewöhnlichen Aufbruchsstimmung, die von der Eroberung anderer Kontinente ebenso wie von technischer Neugier getragen war. Ihre Wurzeln reichen zurück bis in die italienische Renaissance und zur Agrarrevolution, die im 17. Jahrhundert in England anhob, nach Ansicht von Pierre Chaunu, der den Fortschritt der Nahrungsmittelversorgung in Europa untersuchte, sogar bis ins 13. Jahrhundert.[37]

Die Fortschritte in der Theologie waren an der Renaissance Europas wohl ebenfalls nicht unbeteiligt. Wie zahlreiche Studien belegen, schöpfte das moderne Verfassungsrecht seine Inspiration weitgehend aus den großen politisch-theologischen Gedankengebäuden des Mittelalters. Als die westliche Kultur den monarchischen Souverän von Gottes Gnaden durch ein unter dem Namen »Nation« firmierendes Kollektivwesen ersetzte – eine Erfindung der Französischen Revolution –, begann im Westen die »Moderne«. Im Verbreitungsgebiet des Islam hingegen, wo die Theologie und die Philosophie unter den Abbasiden noch bedeutende Fortschritte gemacht hatte, kam es im

11. Jahrhundert zu einer Abkapselung der Theologie nach außen und einer endgültigen Fixierung der verschiedenen Rechtsschulen – eine Entwicklung, die den unaufhaltsamen Niedergang von Wissenschaft und Literatur einläutete.

Auch die marxistische Weltanschauung war uns lange Zeit ein schlechter Wegweiser. Die Theorie der aufeinander folgenden Produktionsweisen, die eine spezifisch europäische Dynamik der statischen »asiatischen Produktionsweise« gegenüberstellte, trug dazu bei, das Märchen von der genetisch bedingten Überlegenheit des Westens zu verbreiten. Der Marxismus des 20. Jahrhunderts wiederum, vor allem in seiner russischen und Drittwelt-Spielart, wollte uns glauben machen, der Wohlstand Europas erkläre sich allein aus kolonialer Ausplünderung. Dabei führte doch genau diese Ausplünderung zum spektakulären Niedergang und zur anhaltenden Verarmung Spaniens, während Frankreich andere Völker marterte und bluten ließ, ohne wirklich Gewinn daraus zu ziehen. Deutschland hingegen, das der industriellen Revolution lange Zeit hinterherhinkte und praktisch keine Kolonien besaß, entwickelte sich zur stärksten Wirtschaftsmacht Europas.

Gibt es Gesetzmäßigkeiten in der Geschichte?

All dies zeigt, wie problematisch es ist, eindeutige Gesetzmäßigkeiten oder Kausalbeziehungen in der Geschichte aufzustellen. Die Philosophie der Aufklärung, die derartige Gesetze dingfest zu machen suchte – Hegel hat sie in seiner *Philosophie der Geschichte* popularisiert –, handelte in dieser Hinsicht recht unbedacht. Gewiss, aus dem Abstand der Jahrhunderte besehen und leidenschaftslos betrachtet, lassen sich Erklärungen für Größe und Untergang verschwundener Zivilisationen finden, wie Montesquieu dies mit Blick auf das alte Rom vorführte. Auch der große britische Historiker Toynbee unternahm einen Versuch in dieser Richtung, der allerdings daran krankt, dass auch er nach Gesetzmäßigkeiten in der Geschichte fahndet, nach dem Schlüssel zu unserem Schicksal und nach der exakten Genealogie unserer Herkunft. In diesem Zusammenhang sei an den Leitgedanken

Spenglers erinnert, der zwischen lebendiger Kultur, die fest im Volksgeist wurzle, und toter Zivilisation unterscheidet, die das Gemeinwesen in ein Korsett fester Regeln schnüre und daher notwendig ihrem Untergang zusteuere. Der Imperialismus, die »expansive Tendenz«, wie Spengler sagt, ist das Schicksal jeder Zivilisation und kündet von ihrem baldigen Ende, ihrem Untergang.[38]

Die Gefahren dieser Sicht und Indienstnahme der Geschichte hat unter dem Stichwort »Historizismus«[39] wie gesagt Karl Popper am besten dargestellt. Über das historische Selbstbild des Westens seit Hegel schrieb er: »Aber darf ich dem Historizisten das Recht absprechen die Geschichte auf seine Weise zu interpretieren? Habe ich nicht soeben erklärt, dass jedermann dieses Recht besitzt? Meine Antwort auf diese Frage lautet, dass die historizistischen Interpretationen Interpretationen besonderer Art sind. Jene Interpretationen, die nötig und berechtigt sind und von denen wir die eine oder andere annehmen müssen, können, wie gesagt, mit einem Scheinwerfer verglichen werden. Diesen Scheinwerfer lassen wir über unsere Vergangenheit streichen, und wir hoffen durch seinen Widerschein die Gegenwart zu erhellen. Im Gegensatz dazu gleicht die historizistische Interpretation einem Scheinwerfer, den wir auf uns selbst richten. Sie macht es uns schwierig, wenn nicht unmöglich, unsere Umgebung zu sehen, und sie paralysiert unsere Handlungen. Um diese Metapher zu übersetzen: Der Historizist erkennt nicht, dass wir es sind, die die Tatsachen der Geschichte auswählen und ordnen, sondern er glaubt, dass ›die Geschichte selbst‹ oder ›die Geschichte der Menschheit‹ durch ihre inhärenten Gesetze uns, unsere Probleme, unsere Zukunft und sogar unseren Gesichtspunkt bestimmt. Statt zu erkennen, dass die historische Interpretation einem Bedürfnis entgegenkommen sollte, das sich aus den praktischen Problemen und Entscheidungen ergibt, denen wir gegenüberstehen, glaubt der Historizist, dass sich in unserem Wunsche nach historischer Interpretation die profunde Intuition ausdrückt, wir könnten durch die Betrachtung der Geschichte das Geheimnis, das Wesen des menschlichen Schicksals entdecken. Der Historizsimus ist auf der Suche nach dem Weg, den die Menschheit zu wandeln bestimmt ist; er will den Schlüssel zur Geschichte (wie es J. Macmurray nennt) oder den Sinn der Geschichte entdecken.«[40]

Eine ganz andere Sache ist es, wenn man in einer noch lebendigen Zivilisation zu bestimmen sucht, an welcher Stelle des Zyklus wir stehen und welche Herausforderungen zu bewältigen sind, um nicht dem Untergang zuzusteuern. Der Westen nahm sich oft als dekadent wahr, während er im Begriff stand, seine Macht sprunghaft zu erweitern. Umgekehrt glaubten die Russen und Araber seit dem 19. Jahrhundert mehrmals, ihre Renaissance stünde unmittelbar bevor, nur um wenig später feststellen zu müssen, dass sich der Traum zerschlagen hatte. China glaubte mit der von Mao Tse Tung initiierten Kulturrevolution in den sechziger Jahren einen großen »Sprung nach vorn« zu machen, doch der wirtschaftliche Take-off des Landes begann erst zwanzig Jahre später. Und die Roten Khmer, die ihre Kultur und ihre Zivilisation wiederbeleben wollten, brachten nur einen Genozid zu Wege, der Kambodscha ausblutete und noch ärmer zurückließ, als es vor der Revolution schon war.

Festzuhalten bleibt, dass wir trotz all der klugen Dinge, die über Leben und Sterben der alten Zivilisationen geschrieben wurden, durchaus nicht mit Bestimmtheit sagen können, warum die antiken Hochzivilisationen, die ausnahmslos im Orient blühten, untergingen und warum seit 500 Jahren Europa die Fackel der Zivilisation trägt. Die Besiedlung Nordamerikas und Australiens und die damit einhergehende Ausbreitung europäischen Wissens und europäischer Technik mündete in das, was wir heute gemeinhin den »Westen« nennen, das Herz der zivilisierten Welt. Wie erklärt sich, dass der Westen trotz der Revolutionen und grauenvollen Kriege, die Europa im 19. und 20. Jahrhundert heimsuchten, seine Macht ständig ausbauen konnte? Seit den Religionskriegen hörten die europäischen Länder nicht auf, einander zu zerfleischen, und eroberten doch gleichzeitig die übrige Welt. Weshalb regredierten die anderen Zivilisationen, weshalb schienen sie im Vergleich zu Europa zu verknöchern, sich festzufahren? Das China der Mandarine und des Opiums, das Japan der Samurai, das Osmanische Reich, das sich wie unter Säureeinwirkung zersetzte, und sogar Indien mit seinem Prunk und seinen verfeinerten Künsten, ein Land, das es verstand, das Beste der islamischen Zivilisation und der vedischen Kultur wenn nicht zu verschmelzen, so doch jedenfalls zu versöhnen, ließ sich von einer britischen Handelsgesellschaft erobern – von Kaufleuten einer kleinen Insel, 15 000 Kilometer von Indien entfernt. Und erst die winzigen Niederlande, die sich den riesigen indonesischen Inselarchipel unterwarfen, oder das kleine Portugal, das in Afrika ein Kolonialreich aufbaute und sich auch aus Asien kleine Stücke herausriss.

Der Mythos vom »Wunder Griechenland«

Was also ist geschehen, wo doch seit dem »wunderbaren« Siegeszug der Araber – die die Umayyaden-Dynastie begründeten, auf die das Abbasiden-Reich folgte – unsere europäische und kleinasiatische Welt keine vergleichbaren Umwälzungen in der Rangordnung der Zivilisationen erlebte? Wie immer triumphieren auch in diesem Fall simple Erklärungsmuster, die komplexe Zusammenhänge auf einen einzigen Grund zu reduzieren suchen. Die europäische Kultur brachte hier zwei einander widersprechende Erklärungsansätze hervor, die nicht unmittelbar aus der Philosophie der Aufklärung, sondern aus deren späteren Abwandlungen hervorgingen.

Die eine Erklärung fußt auf dem pseudowissenschaftlichen Wesensargument, das wir im vorherigen Kapitel kennen lernten: Die Rationalität sei den Ariern eigen, was zugleich das »Wunder Griechenland« und den »Geist des Westchristentums« erkläre. Rückständigkeit sei hingegen ein semitisches Charaktermerkmal, was mit den dortigen Religionen zusammenhänge, vor allem mit dem Islam. Ernest Renan, der Großtheoretiker dieser Dichotomie, begründete und rechtfertigte den angeblichen Bruch zwischen Osten und Westen mit Nachdruck. Die rassistische Virulenz der Renan'schen Auslassungen über den »semitischen Geist«, eine ebenso imaginäre wie mythische Konstruktion, wurde in der Folgezeit ebenso selten der Kritik für würdig befunden wie Hegel, das »unberührbare« Idol des westlichen Denkens. Nur Popper, sei noch einmal gesagt, zögerte nicht, Hegel als bloßen »Propagandisten« zu bezeichnen, der sich des »intellektuellen Betrugs«, der »intellektuellen Unredlichkeit«[41] schuldig gemacht habe. Popper weiter: »Ich habe die Identität des Hegelschen Historizismus mit der Philosophie der modernen totalitären Lehren zu zeigen versucht. Diese Identität wird selten klar genug gesehen. Der Hegelsche Historizismus ist die Sprache weiter Kreise von Intellektuellen und sogar der offenen ›Antifaschisten‹ und ›Linken‹ geworden. Er ist so sehr ein Teil ihrer intellektuellen Atmosphäre, dass er und seine erschreckliche Unredlichkeit von vielen ebenso wenig bemerkt wird wie die Luft, die sie atmen.«[42]

Die andere Erklärung, die die europäische Kultur vorgebracht hat, führt die westliche Rationalität ausschließlich auf das »Wunder Griechenland« zurück und sieht sich als dessen Erben. Nach finstern Jahrhunderten knüpfte Europa in der Renaissance demnach an die Philosophie, die Rationalität und die Demokratie an, die das antike Griechenland hervorgebracht hatte. Eine liebenswürdige Mythologie, nur dass sie das griechische Wunder künstlich vom Hellenismus abtrennt, jener großartigen Schmelztiegelkultur, die aus dem Orient ebenso wie aus dem winzigen mazedonischen »Westen« hervorging. Der wirkliche Erbe der griechischen Kultur aber war Byzanz, das mit der Eroberung Konstantinopels durch die osmanischen Türken unterging. Byzanz: ein typisch asiatisches, typisch orientalisches Reich, der Erbe höchst unterschiedlicher Zivilisationen, darunter natürlich auch Griechenland und Rom? Was wäre Griechenland gewesen ohne die intensiven Kontakte zur ägyptischen Zivilisation, zu den großen Zivilisationen Kleinasiens, zu den Persern, den Medern und den mesopotamischen Kulturen? Sie alle haben zur großen hellenischen Kultur beigetragen, die neben der syrischen Kultur, sie selbst Erbin der babylonischen, chaldäischen, aramäischen und assyrischen Zivilisationen, den Orient beherrschte (bis zu den arabischen Invasionen). Und was viel zu oft vergessen wird: Es war die moslemische Zivilisation, die dieses Erbe bewahrte und später an Europa weitergab, wo es zur Grundlage der dortigen geistigen Renaissance wurde.

Noch einmal: Einfache Ideen eignen sich kaum als Schlüssel zu triftigen Erklärungen. Dass Europa das griechische Wunder beerbt habe, ist eine Sichtweise, die in der kulturellen Arbeit der Renaissance und der Aufklärungsphilosophie wurzelt. Das heidnische Rom und Athen kamen in all ihrer Herrlichkeit zu Ehren, um der allmächtigen katholischen Kirche – die sich noch immer in der heiligen Geschichte verbarrikadierte und inmitten eines Europa, das sich anschickte seine Ketten zu zerreißen, jeden Fortschritt ablehnte – eine lange Nase zu machen. Und während man sich in Nordeuropa, wie bereits erwähnt, eher auf das Alte Testament berief, kehrte man im Süden, vor allem in Italien und Frankreich, zur heidnischen Antike zurück.

Die Beherztesten oder am wenigsten Konservativen dieser europäischen Renaissance waren also nicht immer diejenigen, die uns heute als solche erscheinen. Historisch gesehen, ist die klassische Entgegensetzung von hier den protestantischen, liberalen, humanistischen »Landen« und dort den katholischen, konformistischen und reaktionären »Landen« kaum stichhaltig. Wahrscheinlich hängt diese dichotomische Sicht mit der Neigung des menschlichen Geistes zu binären Schemata zusammen, mit der Tendenz, komplexe Phänomene auf einfache Ursachen zurückzuführen. Hegel und Weber haben wir, so denke ich, den Mythos oder das Vorurteil vom fortschrittlichen und liberalen Charakter des Protestantismus zu verdanken. Dass sich dieser Mythos festigen konnte, erklärt sich wohl auch aus den französischen Gewissensbissen wegen der Protestantenverfolgung und der Widerrufung des Edikts von Nantes.

Doch nichts ist so einfach, wie es scheint, und auch die reichhaltige Literatur über die Renaissance und die industrielle Revolution gibt uns nicht den einen Schlüssel an die Hand, mit dem sich die Alchemie, aus der die Macht Europas hervorging, entziffern ließe. Emmanuel Berl wunderte sich denn auch: »Dass ein Autor wie Valéry, der so viel Wert auf Genauigkeit legt, schreiben konnte: Europa = Griechenland + Rom + Christentum weckt in mir stets aufs Neue Verwunderung. Denn Valéry ist allererst ein Dichter. Nun sind aber weder Tristan und Isolde, noch Romeo und Julia, noch Don Quijote oder Faust von Rom organisierte und vom hl. Paulus bekehrte Griechen.«[43] Berl kritisiert treffsicher die künstliche Fabrikation einer

»trügerischen Kontinuität« in der Geschichte Europas: »Denn die trügerische Kontinuität der Chronologie, die trügerische Permanenz einer Vokabel und die Emporkömmlingen eigene Prätention auf lückenlose Abstammung weichten die Wahrnehmungsfähigkeit der Europäer für die Löcher und Quantensprünge in ihrer Geschichte auf. Sie gingen sogar so weit, sich auf das Mädchen zu berufen, das Jupiter an einem Strand Kleinasiens entführt hatte, und erinnern sich nicht, dass ›Europa‹ für die Griechen eine fremde Welt war.«[44]

Wir besitzen heute endlich eine bemerkenswerte Arbeit eines britischen Historikers und Anthropologen, Jack Goody, der mit Händen greifbar macht, wie eitel die »Grundannahmen« vieler Sozialwissenschaftler sind, der Westen zeichne sich durch »eine ›wunderbare‹ Einzigartigkeit« aus. »Diese weitverbreitete Ansicht«, so Goody, »geht von einem radikalen Bruch aus, zu dem nur der Westen imstande gewesen sei.«[45] Goody zeigt die Kontinuitäten in den anthropologischen Strukturen von Orient und Okzident seit der Antike auf und beschreibt die säkulare »Pendelbewegung«, die – in großen Zeitabschnitten gesehen – zwischen den Zivilisationen und Kontinenten hin und her ging. Eine andere Frage ist natürlich, ob es außerhalb der Sichtweise, die die Geschichte als Überlebenskampf der Zivilisationen deutet und – unter dieser Maske versteckt – als Kampf um die Vorherrschaft unter den Völkern, die diese Zivilisationen hervorgebracht haben, überhaupt einen Sinn in der Geschichte gibt.

Die Überlegenheit des Westens: Religion und Kapitalismus

Weit gefährlicher ist eine andere Variante der Entgegensetzung von Osten und Westen. Es handelt sich hierbei um eine Mischung aus Sozialdarwinismus und hegelscher Geschichtsphilosophie, die die höchste Stufe der Geschichte und der Vernunft in der Verbindung des Christentums mit Europa und dem neuzeitlichen Staat erblickt. Durchsetzt mit dem allerprimitivsten Rassismus vermeint diese Spielart der Ost-West-Dichotomie zu erkennen, dass der Westen dynamischere und durchsetzungsfähigere Gene sein Eigen nenne und folglich zur Herrschaft über die anderen bestimmt sei. »Wir sind die stärksten, weil wir weiß und blond, intelligent, rational und wissenschaftlich sind und weil unsere Religion, selbst ins Museum gestellt, immer noch die höchstentwickelte und edelste ist«, so lautet im Wesentlichen die Botschaft dieser Variante, von der Karl Marx, Linkshegelianer der er war, eine weniger rassistische und eher präsentierbare Version anbot. Marx zufolge triumphierte Europa, weil der Kapitalismus dort die Ketten des Feudalismus sprengte und der Ausbeutung der Produktivkräfte Tür und Tor öffnete. Um das höchste Stadium der Geschichte, die kommunistische Überflussgesellschaft, zu erreichen, sei Europa berechtigt, die Welt zu erobern und alle versteinerten Gesellschaften, auch den asiatischen »hydraulischen Despotismus«, zu zerschlagen. Europa, insbesondere das industrielle England, sei das Herz der Welt, an das sich alle Kontinente anschließen müssen, um in den Kreis von Fortschritt und Glück zu gelangen. Deshalb hieß Marx die Kolonialisierung gut.

Den Angehörigen dieser mumifizierten Zivilisationen musste man natürlich eine Erklärung für ihre Rückständigkeit und Unterentwicklung bieten. Der Marxismus – dem Lenin, der heilige Revolutionär Russlands, mit seinem kleinen Werk über den *Imperialismus als höchstes Stadium des Kapitalismus* seine eigene Note verlieh – und seine späteren Abkömmlinge bilden in dieser Hinsicht eine der zentralen Mythologien des 20. Jahrhunderts. Die koloniale Ausplünderung, so der Reim, führt zu Unterentwicklung und verschärft die Widersprüche zwischen den kapitalistischen Mächten: Machen wir in kommunistischer Brüderlichkeit die Revolution, und wir sind gerettet. Leider ist die Sache auch hier nicht so einfach. Die List der Geschichte ist unergründlich. Auf Lenin, Trotzki, Stalin, Tito, Nasser und Nehru folgen seit einigen Jahrzehnten die patriarchalen Bärte, im Iran Ajatollah Chomeini, im Afghanistan der Taliban Osama Bin Laden. Erklären sich Unterentwicklung und Rückständigkeit also aus der Religion?

Viele dachten so, vor allem mit Blick auf mehrheitlich moslemische Gesellschaften. Soll der Islam modernisiert, die Entwicklung Europas kopiert werden, oder ist ein »Zurück-zu-den-Quellen« angesagt, eine fundamentalistische Revolution, die zur verlorenen Reinheit des Ursprungs zurückführt? Sollen wir hier also noch einmal, wie immer bewusst oder unbewusst, die Entwicklung Europas nachahmen, wo der Protestantismus und die englische Revolution im 17. Jahrhundert durchaus Revolutionen religiös-fundamentalistischen Charakters waren – was sie im Übrigen nicht hinderte, gegen die imperiale Ordnung des Katholizismus und gegen die Monarchie von Gottes Gnaden Ansprüche auf Gerechtigkeit und Gleichbehandlung zu formulieren.

Zwei von Grund auf antagonistische Strömungen prägten das Denken der moslemischen Reformer. Die eine Schule braucht Europa für ihren Erfolg, will nicht mit Europa brechen, sucht vielmehr den Dialog, sucht Verständnis und Hilfe, fordert das Ende des Kolonialismus und der ungleichen Beziehungen, die sich im Laufe der Jahrhunderte zwischen den europäischen Mächten und den benachbarten Völkern des Mittelmeerraums herausgebildet haben. Die andere Strömung erschöpft sich darin, Europa und dessen gegen den Islam gerichteten Kreuzfahrergeist, die europäische Herrschsucht und Ausbeutungswut zu denunzieren. Diese Tendenz will kämpfen, will die Bevölkerung mobilisieren und gegen die Ungläubigen zusammenschweißen, die die Reinheit des Islam beschmutzen. Für sie reduziert sich die Moderne auf ein europäisches Komplott zur Schwächung der religiösen Gesinnung, die das wahre, das einzige Bindemittel einer moslemischen Gesellschaft sei.

Die europäischen Mächte hingegen wissen ihre Verbündeten in den von ihnen beherrschten Ländern weder zu erkennen noch anzuerkennen. Recht besehen, mögen sie die an der Moderne sich orientierenden Liberalen und Reformer, die dieselbe Sprache sprechen wie sie selbst, die Sprache der demokratischen Prinzipien, des Selbstbestimmungsrechts der Völker und ihres Rechts auf Einheit und Unabhängigkeit, eigentlich nicht. Generäle, Eroberer, Kolonialverwalter – sie alle verhandeln lieber mit den traditionellen Oberhäuptern, seien es Stammeshäuptlinge oder religiöse Führer, und ziehen es vor, die archaischen Strukturen durch moderne Institutionalisierung zu stärken.

So wird allerorten die Fixierung auf die eigene Ethnie, den eigenen Stamm, die eigene Gemeinschaft gefördert und politisch institutionalisiert. Der naturgegebene Pluralismus dieser Gesellschaften, die durch die Industrialisierung nicht homogenisiert wurden, weicht auf diese Weise einem höchst gefährlichen Sektierertum.

Bei den indischen Historikern zum Beispiel lässt sich nachlesen, wie die britischen Verwalter die Inder moslemischen Glaubens auf ein Leben getrennt von ihren Landsleuten anderer Glaubensgemeinschaften einschworen, mit denen sie über die Jahrhunderte in Symbiose gelebt hatten. »Als man in Europa begann von Nationen zu sprechen«, erklärt die indische Historikerin Romila Thapar in einem Gespräch mit Le Monde, »kam in Indien die Rede von einer hinduistischen und einer moslemischen Nation auf. Diese kolonialistische Sichtweise, die Indien auf voneinander getrennte religiöse Identitäten gründete, hat der Bevölkerung mit verheerenden Konsequenzen ihre Vergangenheit amputiert. Sie befindet sich im Widerspruch zur persischen und zur Sanskrit-Geschichtsschreibung, die von der Existenz zweier Nationen nichts wusste. Doch nun war plötzlich von einer Mehrheit und einer Minderheit, von einer hinduistischen und einer moslemischen Gemeinschaft die Rede, deren institutionelle Vertretung getrennt nach Religionszugehörigkeit organisiert wurde.«[46]

Interessant auch, wie Frankreich im Libanon von Rechts wegen »historische« Gemeinschaften einführte und zur Grundlage der öffentlichen Ordnung machte. Die Keime der Bürgerkriege, die nach der Unabhängigkeit in der Dritten Welt ausbrachen, sind hier, in dieser Kolonialpolitik, zu suchen. Die Ost-West-Rivalität und der Kalte Krieg, die größtenteils in der Dritten Welt ausgetragen wurden, beuteten diesen fruchtbaren Boden nur aus. Und während Europa schließlich zur Einheit findet, zumindest auf wirtschaftlichem Gebiet, erleben wir, wie in der übrigen Welt vermehrt Bürgerkriege ausbrechen, Massaker und Genozide stattfinden – so geschehen sogar vor den Toren Europas, auf dem Balkan.

Das asiatische Wunder: Gibt es spezifisch asiatische Werte?

Nach Japan arbeiteten sich gegen Ende des 20. Jahrhunderts auch Korea, Singapur, Malaysia und Thailand, die so genannten Tiger Südostasiens, aus der Unterentwicklung heraus. Japan, einst verschrien und wegen der schlechten Qualität seiner industriellen Erzeugnisse verlacht, versetzt die westliche Welt in Angst und Erstaunen, vor allem seit das Land in der Region Schule macht. Von »Wunder« ist da die Rede, als ob der Westen das Geheimnis des Wohlstands für sich gepachtet hätte. Als Erklärung wird abermals das Weber'sche Deutungsmuster bemüht. Die »asiatischen Werte«, der Buddhismus im Verein mit dem Konfuzianismus, ihre Lehre von Weltentsagung, Selbstverleugnung und Selbstbeherrschung seien es, die es angeblich ermöglichten, die Moderne auf die Tradition aufzupfropfen. Auch in diesem Zusammenhang erheben die westlichen Beobachter also den religiösen Faktor zum monokausalen Erklärungsgrund.

Einmal mehr sorgt das westliche Denken für Überraschung. Gerade der westliche Geist, der sich rühmt, die religiöse Weltanschauung und das ausschließlich metaphysische Denken als Erster hinter sich gelassen zu haben, will partout und überall die Religion am Werke sehen. Will man wirklich allen Ernstes behaupten, die Beherrschung von Wissenschaft und Technik, die massenproduktive Befreiung von den Schranken des Handwerks stünden in irgendeinem Zusammenhang mit der Religion und den moralischen Werten? Weshalb muss man als Erklärung dauernd die Religion oder die Ethnie bemühen?

Amüsant war jedenfalls, wie die westliche Presse frohlockte, als sich die seit 1990 währende Wirtschaftskrise in Japan durch die Finanzkrise der asiatischen Tiger (Südkorea, Thailand, Malaysia, Indonesien) massiv verschärfte, von denen man vorschnell angenommen hatte, sie würden in den Kreis der Auserwählten des Wohlstands aufrücken. Als Krisenursachen glaubte die westliche Presse Vetternschaft, Verschwendung, Korruption und mangelnde Vorsicht zu erkennen, mit Blick auf Japan eingefleischten Konservatismus. Mit einem Wort: Der asiatische Kapitalismus ist nicht der wahre, gute angelsächsische

Kapitalismus. Die »Tiger« und Japan haben alle Welt hinters Licht geführt und sind in Wahrheit nur Papiertiger, groteske Karikaturen der westlichen »Einzigartigkeit«. Von Marktwirtschaft kann bei ihnen eigentlich keine Rede sein. Überall mischt der Staat sich ein, und hinter dem Staat wüten Vetternschaft und Korruption. Die rasche Überwindung der Krise ließ das boshafte Gelächter allerdings ebenso schnell wieder verstummen.

Renaissance und Dekadenz: Welch geheimnisvolle Alchemie ist hier am Werk? Vergeblich wird man nach der magischen Formel suchen. Die Komplexität der Welt lässt sich nicht auf eine Gleichung mit einer Unbekannten reduzieren. Geben externe Faktoren, eine Kombination von Zufällen den Ausschlag? Oder sind es interne Faktoren, angestammte Wertesysteme, die die Überlegenheit der einen über die anderen bestimmen? Wer Wertesystem sagt, sagt Religion, Moral, Ethik. Oder ist es das Klima, die Kultur, die Religion, die Philosophie, sind es die großen Männer? Essenzialistische Theorien, die sich auf monokausale Erklärungen versteifen und einen einzigen immanent und permanent wirkenden Grund auszumachen glauben, münden, wie immer sie beschaffen sein mögen, in die eine oder andere – sei es explizit virulente, sei es implizit schleichende – Form von Rassismus.

Gibt es einen Weg am Essenzialismus vorbei? Kann man sich der allmächtigen Dichotomie zwischen archaischem Orient und modernem Okzident entziehen? Nur wenn man dem vielschichtigen Selbstgespräch des Westens aufmerksam zuhört und geduldig versucht es zu entziffern. Man muss sich mit der in einer tiefen Krise steckenden Philosophie der Aufklärung befassen, die den Westen ebenso sehr wie die übrige, von der westlichen Dynamik erfasste Welt zunächst ver-, dann entzauberte oder vielmehr ernüchterte. Man muss versuchen, ein wenig gesunden Menschenverstand in den systematisierenden und klassifizierenden Geist zu bringen, der die westliche Kultur auszeichnet.

3. Der Westen: heilige Mission, entzauberte Welt?

Hat die Philosophie der Aufklärung die Welt entzaubert?

Was erzählt der Westen heute über sich selbst? Wie nehmen die europäische Kultur und ihre amerikanische Verlängerung sich heute, an der Wende vom zweiten zum dritten Jahrtausend, wahr? Wir haben bereits einen kurzen Blick auf Hegel, Marx und Weber geworfen, sie alle Historiker und Geschichtsphilosophen, unmittelbare Erben der »Aufklärung«, Nachfolger von Locke, Rousseau und Voltaire. Sie schrieben die Aufklärung fort, die die europäische Kultur aus der dogmatischen Zwangsjacke der Kirche befreite. Sie setzten die Geschichte der menschlichen Vernunft, wo einst die heilige Geschichte waltete, die von Gott und seinen unergründlichen Ratschlüssen geleitete, über die uns Bossuet ein literarisches Meisterwerk von seltenem Rang hinterließ.[47]

Fortan war der Mensch selbst seines Glückes Schmied. Er selbst hob an sein Heil zu erringen, die Natur zu beherrschen, seinen Reichtum und seine Macht zu steigern, ohne dabei Gottes oder seiner selbsternannten Stellvertreter auf Erden zu bedürfen. Die Geschichte wurde entsakralisiert, die Welt »entzaubert«, wie die Formulierung Webers lautet.[48] Ohne Gott, ohne seine Alleinherrschaft über die Natur, ohne unergründliche Geheimnisse der menschlichen Existenz verliert die Welt ihren magischen, verzaubernden Charakter. Ein Teil der westlichen Philosophie nahm diesen »Tod Gottes« zur Kenntnis und zog daraus vielfältige, bisweilen widersprüchliche Konsequenzen, wie zumal das Denken Nietzsches veranschaulicht.

Die Theoretiker der Entzauberung suchten den merkwürdigen Ansatz Webers zu vertiefen und erklärten den Monotheismus zu einer

Religion, die aus der Religion »herausführt«. Diese eher mythologische als rationale Konstruktion wird von Marcel Gauchet folgendermaßen beschrieben: »So dass die üblicherweise so genannten ›Großreligionen‹ oder ›Weltreligionen‹, weit davon entfernt, die quintessenzielle Vervollkommnung des Phänomens zu verkörpern, in Wirklichkeit vielmehr ebenso viele Etappen seiner Aufweichung und Auflösung darstellen – wobei die größte und universellste, die unsrige, die Vernunftreligion des einen Gottes, genau diejenige ist, die den Auszug aus der Religion ermöglichte. Die umgekehrte Perspektive macht Sinn. In Sachen Religion erweist sich der scheinbare Fortschritt als Niedergang.«[49]

Es ist nicht auszuschließen, dass solche paradoxe Formulierungen das Herzstück des Mythos bilden, den der Westen um sich herum webt, um seine Differenz zu behaupten. Und wieder ist es Weber, der in seinem Werk *Das antike Judentum* (1905) die durchaus fragwürdige Behauptung aufstellte, der Monotheismus stelle im Vergleich zu den heidnischen Mythologien des alten Griechenland und Mesopotamiens einen grundlegenden Fortschritt des menschlichen Geistes dar. Freud sollte diese Sichtweise nur übernehmen, insbesondere in seinen berühmten Werken *Totem und Tabu* und *Moses und der Monotheismus*. Der Mythos, das alte Judentum habe die Grundlage für die Entzauberung der Welt gelegt, die in der »kapitalistischen« Rationalität des Calvinismus ihre Vollendung gefunden habe, geht mithin auf Weber zurück.

Die Philosophen der Aufklärung und ihre unmittelbaren Nachfolger hätten sich wohl nicht träumen lassen, dass man ihnen eines Tages vorwerfen würde, sie hätten die Welt »entzaubert«. Sie dachten vielmehr, die Welt vom Obskurantismus befreit und ihr die Pforten zu Vernunft und ewigem Fortschritt geöffnet zu haben. Besteht nicht gerade darin der eigentlich zauberhafte Charakter der Moderne? Eine Verzauberung, die das Zeitalter der Revolutionen eröffnete und das Ende von Tyrannei, Elend und Hunger verhieß. Die Menschen endlich gleich, in einer gezähmten, zivilisierten Welt. Das Glück im Diesseits, der Staat der Menschen im Vollbesitz ihrer Geisteskräfte an Ort und an Stelle des Staates Gottes und seiner Stellvertreter hienieden. Wie viele Millionen Menschen haben ihr Leben gelassen für die Verheißung dieses weltlichen Glücks, das seit der Französischen Revolution und den darauf folgenden Kriegen, die Kolonialkriege und den Kalten Krieg eingeschlossen, die Menschen bewegt?[50]

Hat die Philosophie der Aufklärung die Welt wirklich entzaubert? Auch auf diese Frage gibt es keine einfache Antwort, zumal die Motivation der Fragestellung höchst vielschichtig ist. Seit der Renaissance hat der Westen nicht aufgehört, sich mit anderen Zivilisationen zu vergleichen. Er betrachtet und gefällt sich im Spiegel des Anderen, will sagen: im Spiegel der Zivilisationen, die ihm nicht folgten, die in gottesstaatlichen Verhältnissen verharrten und im Rhythmus der Gebete des Muezzin lebten, im Spiegel des komplizierten indischen Kastenwesens, das in der hinduistischen Religion wurzelt, im Spiegel des japanischen Kaisers, der von seinen Untertanen als Gott verehrt wurde.

Liegt der Individualismus wirklich in den Genen des Westens?

Je mehr sich die Kluft zwischen dem materiellen Reichtum, dem überwältigenden technischen Fortschritt des Westens und der Stagnation der anderen Zivilisationen vertiefte, umso mehr versank das anthropologische Denken des Westens in essenzialistischen Theorien, die die Differenz zum Anderen als unüberbrückbaren Graben imaginieren. Man hat den Eindruck, dass der Westen seine Differenz geradezu »sakralisiert«, wenn er über sich selbst nachdenkt. Egalitär und individualistisch verfasst sei er deshalb, weil seine kulturellen Gene das Ferment rationalen Denkens immer schon in sich trugen.

Wo die ersten Philosophen der Aufklärung die Wiederentdeckung des heidnischen Erbes des alten Griechenland und Rom in den Vordergrund rückten, um die kirchlichen Ketten zu sprengen, entdecken die in der Tradition Hegels und Chateaubriands stehenden Philosophen unserer Zeit den »Geist« des Christentums wieder. Jesus habe den Westen durch seinen berühmt gewordenen Spruch gerettet: »Gebet dem Kaiser, was des Kaisers ist, und Gott, was Gottes ist.« (Markus

12:17) Denn mit diesem kurzen Satz habe er der Trennung von Weltlichem und Geistlichem, will sagen: der Selbstbestimmung des Individuums den Weg bereitet. Den Weg zum modernen Rechtsstaat habe bereits der jüdische Monotheismus mit seinem Begriff des einen Gottes und den Moses übergebenen zehn Geboten vorgezeichnet. Die Einzigartigkeit und radikale Differenz des Westens im Vergleich zu den anderen Zivilisationen sei in einem »Individualismus« zu suchen, der bis auf die Urchristen zurückgehe. Christus habe die menschliche Person zum höchsten gesellschaftlichen Wert erklärt, und dieser Individualismus stehe im diametralen Gegensatz zum »Holismus« der anderen Gesellschaften, in denen die Gemeinschaft und festgefahrene soziale Hierarchien den höchsten Wert bildeten.

Gestützt auf die deutsche Soziologie, insbesondere die Arbeiten von Ernst Troeltsch über das Christentum, schreibt der bekannte französische Essayist und Anthropologe Louis Dumont: »Bei den Urchristen und in der sie umgebenden Welt lebte etwas vom modernen Individualismus, obgleich es nicht exakt der uns vertraute Individualismus war. In Wirklichkeit trennt die alte und die neue Form ein solch radikaler und komplexer Wandel, dass es nicht weniger als siebzehn Jahrhunderte christlicher Geschichte bedurfte, um den Individualismus zu vervollkommnen, und vielleicht ist diese Geschichte noch heute im Gang. Die Religion war das Kardinalferment, das zunächst die Verallgemeinerung der Formel, anschließend ihre Entfaltung bestimmte.«[51] Hier ist es wieder das allgegenwärtige religiöse Imaginäre, auf dessen Grundlage sich die moderne westliche Kultur samt ihrer anthropologischen und soziologischen Denktradition herausbildete. Wohl ist der Westen heute entzaubert, doch diese Entzauberung war nur möglich, weil die Fee, die an seiner Wiege stand, Moses, Jesus und das Zeitalter des Perikles dareinlegte.

Erweckt der Westen nicht den Eindruck eines Verrückten, wenn er sich auf diese Weise analysiert und seine Geschichte erzählt? Fabriziert er sich selbst und der Welt, die er mit all seiner kulturellen Übermacht dominiert, nicht eine moderne Mythologie? Liefern die Illusionen der überaus reichhaltigen anthropologischen und soziologischen

Begrifflichkeit, die die westliche Kultur entwickelt hat, dem »befremdlichen und verwirrenden Diskurs der Mythen«, den Marcel Détienne so treffend analysierte, nicht zusätzlich Stoff?[52] Um zu verstehen, wie die angebliche westliche Rationalität durchaus mit mythischem Denken zu koexistieren vermag, sei an die Ausführungen von Georges Gusdorf über den Zusammenhang zwischen Metaphysik und Mythos im modernen Denken erinnert: »Die Austreibung des Mythos ist also nicht endgültig. Nach einer im Seelenleben häufig anzutreffenden Dynamik, für die die Psychoanalyse zahlreiche Beispiele bereithält, kehrt das Verdrängte mit umso größerer Insistenz als schlechtes Gewissen zurück, je mehr Energie in seine Verdrängung investiert wurde. Die Erfolge der Wissenschaft selbst können nicht darüber hinwegtäuschen, dass sie die geistigen Bedürfnisse des Menschen nicht vollauf befriedigen kann. Anders gesagt, das Schema, das, wie Auguste Comte formuliert, einen kontinuierlichen Übergang von einem Zustand des Denkens zum anderen annimmt oder wie bei Léon Brunschvicg oder im Szientismus des 19. Jahrhunderts einen Fortschritt in den aufeinanderfolgenden Zeitaltern des Verstandesvermögens postuliert, stößt seitens der Wirklichkeit auf einen unüberwindlichen Widerstand oder vielmehr auf strikte Ablehnung.«[53]

In der Tat, wie sollte man vergessen – oder vielmehr die westliche Bevölkerung vergessen machen –, dass die Kirche fünfzehn Jahrhunderte lang das Sagen hatte und die Trennung von Geistlichem und Weltlichem nur dazu diente, die Vorherrschaft des Ersteren über Letzteres zu festigen? Wurde der König von England nicht im Namen der Bibel enthauptet? Hielt es Napoleon nicht für nötig, die Religion wieder in ihre Rechte einzusetzen, sich vom Papst zum Kaiser salben zu lassen und die Erbherrschaft wieder einzuführen, um die Errungenschaften der Revolution zu sichern? Ist der während der Revolution unternommene Versuch, eine bürgerlich-laizistische Religion zu etablieren, nicht kläglich gescheitert?[54] Haben in den Chouans-Kriegen nicht Zehntausende Franzosen für ihren König und die führende Stellung Gottes in Gesellschaft und Staat ihr Leben gelassen? Überdauerten einige Monarchien von Gottes Gnaden nicht bis zum Beginn des

20. Jahrhunderts, und beherrschte das religiöse Gesetz nicht bis zum Ende des vorigen Jahrhunderts das Privatleben der Bürger Italiens, Griechenlands und Spaniens? Ist der britische Souverän nicht noch heute Oberhaupt der anglikanischen Kirche, der Staatskirche des Vereinigten Königreichs? Und was macht man mit dem kollektiven Wahnsinn der Nazis, dem surrealistisch anmutenden Wiederaufleben des »magischen« und »charismatischen« Geistes beim philosophischsten der Völker Europas, bei den Deutschen, die die Identität des modernen Westens maßgeblich mitprägten? Schließlich war es dies Wiederaufleben, das den Wahn des antisemitischen Völkermords begleitete und das man noch immer nicht zu erklären weiß, so sehr widerspricht es dem rationalistischen, das freie Individuum in den Mittelpunkt stellenden Selbstbild des Westens.[55]

Was also soll man halten vom Antisemitismus, dem von den Nazis verübten Völkermord und dem »Kult des Holocaust«, den er in jüngster Zeit nach sich zog, was von all den Kontroversen in seinem Gefolge?[56] Die Vorstellung vom »ewigen Juden« geht auf das Konto der westlichen Kultur, denn dass der Antisemitismus seit jeher und allerorten existiert habe, ist historisch einfach falsch. Es war die Ablehnung des Pluralismus und Individiualismus, die Liebe zum Kollektiv, zur Verschmelzung, zur allumfassenden »Brüderlichkeit« in Christus, die zur Ausgrenzung – in unruhigen und Kriegszeiten zur Verfolgung – jener führte, die den Messias nicht anerkannten. Im Übrigen kam die Ausgrenzung den Ritualisten unter den Juden, die die Welt der »Goi« als unrein betrachteten, gerade recht, was ebenfalls zur Herausbildung der Gettomentalität beitrug. Die Französische Revolution »emanzipierte« die Juden, ein scheußliches Wort, das allerdings die Integration der Juden in die neue Brüderlichkeit der Bürger bezeichnete. Manche Juden erblickten in der Assimilation die Gefahr möglichen Identitätsverlusts. Seither wird auch das Judentum von gegensätzlichen Strömungen zerrissen, zwischen hier der Öffnung zur Moderne, dort partikularistischer Abgrenzung nach außen.

Die Schaffung des Staates Israel, ein Retortenbaby des 20. Jahrhunderts, sollte die Reflexion über das jüdische »Schicksal« nicht gerade erleichtern.[57] Für diese Staatsgründung engagierte sich der Westen mit aller Kraft. Kann man als Laizist und Republikaner vorbehaltlos die Gründung eines Staates unterstützen, der seinen Besitzanspruch aus einem religiösen Text herleitet? Kann man als Laizist und Republikaner gutheißen, dass die Existenz Israels mit dem Leid begründet wird, das die Deutschen den Juden zufügten, das Gebiet, auf dem Israel gegründet wurde, aber einem anderen Volk – den Palästinensern – entrissen wurde, die mit der Geschichte der europäischen Judenverfolgungen nichts zu tun haben? Eine weitere Akte im Prozess gegen die vorgebliche Rationalität des Westens, auf die wir noch zurückkommen werden.

Unsere neuen Philosophen, jene ehemaligen Marxisten, die sich größtenteils zum Neoliberalismus bekehrten und in ihm recycelten, erleichtern das Geschäft der Anklage in diesem Prozess übrigens in nicht unerheblicher Weise. Fast mag es scheinen, als hätten sie sich an der Philosophie der Aufklärung die Finger verbrannt. Skeptizismus, Relativismus, Toleranz, aber auch der Glaube an die Fähigkeit zum Fortschritt scheinen ihnen ein Dorn im Auge zu sein. Sie wollen eine binäre Welt: hier das Reich des Guten, in dem Gott und die Bibel erneut ein Daseinsrecht haben, dort das Reich des Bösen, das Reich der Barbarei. Der Kommunismus wird verflucht, bespuckt und mit dem Nazismus gleichgesetzt.[58] Vor allem deshalb stört die Philosophie der Aufklärung, weil der Kommunismus als Utopie aus ihr hervorgegangen ist. Und diese großen Theoretiker sind Deutsche und Franzosen, Historiker und Philosophen von Rang im Herzen der Moderne, als deren Gründer und Wächter der Westen sich betrachtet. Kommunismus bedeutet auch Kollektiv, Gemeinschaft, eine Art Bruderschaft, und deshalb ist er unvereinbar mit dem neuen Glauben, der da meint, die Überlegenheit des Westens fuße auf dem angeblich in dessen Genen eingeschriebenen Individualismus.

Auch der Wert und die Verdienste der Französischen Revolution stehen bei einer neuen Historikergeneration, die vom Marxismus und dessen Geschichtsauffassung geheilt ist, nicht eben hoch im Kurs. So glaubt eine neuere Studie über den Fortschrittsgedanken in der Philosophie der Aufklärung in Letzterer den Keim aller modernen Totalitarismen zu entdecken.[59] Es mag zwar richtig sein, dass fanatischer Glaube an ein Gesellschaftssystem und dessen Fähigkeit zu Fortschritt die schlimmsten Exzesse nach sich zieht, wofür einige Episoden der Französischen Revolution, insbesondere die Terrorherrschaft, das Modell lieferten. Aber ist denn die archaische Gewalt, wie sie in den Religionskriegen oder den durch roheste Habgier motivierten Eroberungen zu Tage trat – man denke an die mongolischen Horden oder die Eroberung Amerikas –, akzeptabler?

Narzissmus und Mythologisierung im westlichen Diskurs

Seit zwanzig oder dreißig Jahren wird der Diskurs des Westens über sich selbst immer unhaltbarer. Souverän dominieren Narzissmus und Mythologisierung. Allem gegenteiligen Augenschein zum Trotz sucht sich der Westen als angestammter Hort der Vernunft, der Demokratie und der Achtung des Individuums in Szene zu setzen. Was diesem Selbstbild widerspricht, wird zum bedauerlichen Zwischenfall und Fehltritt verniedlicht, die in Zukunft nicht mehr vorkommen werden. Die jüngste Episode dieser Art war der Kommunismus.

Nichts versteht der Westen so gut, wie sich selbst heilig zu sprechen: Er ist die Vernunft, und er ist Gott, auch wenn er von ihm abgefallen ist. Also darf und muss er aller Welt Lehren erteilen. Er ist entzaubert, aber er feiert die Wiederkunft Gottes.

Die Vereinigten Staaten, die unbestreitbar führende Nation des heutigen Westens, sind eine Nation von Gläubigen. »In God we trust«, verkündet jeder Dollar, der in der Welt zirkuliert. Der amerikanische Nationalismus wurzelt im Protestantismus und also im Alten Testament: In der Eroberung Nordamerikas wiederholte sich die Eroberung des Heiligen Landes durch die Hebräer; die Indianer, die man jagte und dezimierte, waren diesem Verständnis nach nicht besser als die Philister und die Kanaäer der Bibel. Élise Marienstras, eine Spezialistin des amerikanischen Nationalismus, beschreibt die kapitale Bedeutung des biblischen Vorbilds für die Entstehung der amerikanischen Gesellschaft und des amerikanischen Nationalismus: »Jenseits des Modells, das der Philosoph [Rousseau] lieferte, ließ die bürgerliche Religion Amerikas das Volk der Hebräer, wie es in seinen Anfangszeiten existierte, wiederaufleben. Sie feierte die Reinkarnation Moses und Josuas, die Reinkarnation der Zehn Gebote, die neue Eroberung Kanaans. Liberale wie der spätere Unitarier Pastor Abiel Abbot beschrieben mit maßvollen Worten, wie ihre Zeitgenossen eine Parallele zwischen Israel und den Vereinigten Staaten zogen: ›Unser amerikanisches Israel‹ war eine häufig wiederkehrende Formulierung, die im Allgemeinen als richtig und angemessen empfunden wurde. Im Laufe der Konsolidierung des Nationalstaats gesellte sich die vermeintliche Deckungsgleichheit zwischen der Geschichte der alten Siedler und der Geschichte des ersten ›auserwählten Volks‹ in natürlicher Weise zu den anderen Ursprungsmythen. Thomas Jefferson begann seine zweite Amtszeit 1805 mit einer Anspielung auf den Gott Israels.«[60] Der bekannte Religionshistoriker Mircea Eliade führt den amerikanischen Nationalismus auf die Sehnsucht nach dem Ursprung zurück, wie die Bibel ihn beschrieb: »Mehr als jede andere moderne Nation waren die Vereinigten Staaten das Produkt der protestantischen Reformation, die ein irdisches Paradies suchte, in dem die Reform der Kirche vervollständigt werden würde. [...] Die populärste religiöse Doktrin in den Kolonien besagte, Amerika sei unter allen Völkern für die zweite Herabkunft Christi auserwählt worden.«[61] Und Eliade fährt fort: »Die Kolonisierung der beiden Amerika begann unter einem eschatologischen Zeichen: Die Menschen glaubten, die Zeit wäre gekommen, die christliche Welt zu erneuern, und die wahre Erneuerung wäre die Rückkehr zum irdischen Paradies oder zumindest der Neubeginn der heiligen Geschichte, die Wiederholung der wunderbaren Ereignisse, von denen die Bibel erzählt.«[62] Kaum verwunderlich daher die Sympathie für die zionistische Bewegung und den Staat Israel, sowohl seitens der protestantischen Elite Großbritanniens, die sich mit der Balfour-Erklärung von 1917 für die Notwendigkeit der Schaffung einer jüdischen »Heimstätte« in Palästina aussprach, als auch seitens der amerikanischen Elite von heute, die die weitere Besiedlung des palästinensischen Restterritoriums vorbehaltlos unterstützt. US-Präsident George W. Bush bezeichnet seinen israelischen Amtskollegen Ariel Sharon in aller Aufrichtigkeit denn auch als »Mann des Friedens«.

Im Kampf gegen den Kommunismus und die laizistischen Nationalismen in der Dritten Welt waren die religiös fundierten Staaten unserer Zeit – Israel, Saudi-Arabien, Pakistan, ja sogar der Iran des Ajatollah Chomeini, der bei allem Antiamerikanismus ein Todfeind des Kommunismus und des laizistischen Nationalismus war – die treuesten Verbündeten der Vereinigten Staaten.[63] Parallel hierzu stärkte die Holocaust-Kultur die Rolle des Judentums als wichtigen Faktor in den internationalen Beziehungen, was bereits mit der Schaffung einer jüdischen Heimstätte in Palästina Anfang des 20. Jahrhunderts begann. In der Schlussphase des Kalten Krieges erlebten wir allerorten die größtmögliche Mobilisierung Gottes, des katholischen in Europa, des islamischen in der Dritten Welt, und im Hintergrund das Banner des Alten Testaments, in das die »wunderbare« Wiederauferstehung Israels so vortrefflich hineinpasst.

Was ist das also für eine Rationalität des Westens, der sich »entzaubert« wähnt, doch die Welt mit seiner verrückten Dynamik, seinen Kriegen, seinen philosophischen Kehrtwendungen überrennt? Verblüffend jedenfalls die freche Selbstsicherheit, mit der er seine Schriften, Diskurse und medialen Bilder in die Welt kippt. Sophie Bessis schreibt hierzu: »Ich bin immer wieder frappiert, mit welch selbstgewisser Ruhe die meisten Westler – ich werde auf diesen Begriff noch zurückkommen – ihre Vorherrschaft als legitim behaupten. Diese Selbstgewissheit gibt sich noch in den unbedeutendsten Handlungen und banalsten Verhaltensweisen zu erkennen. Sie strukturiert die öffentliche Rede, den intellektuellen Diskurs, die medialen Botschaften. Sie prägt das Selbstverständnis der Individuen und Gruppen. So sehr scheint sie konstitutiv für die westliche Identität, dass man von einer regelrechten Kultur des Überlegenheitsgefühls sprechen kann, einer Kultur, auf der beruht, was man heute als den Westen bezeichnet, und auf deren Grundlage Letzterer weiterhin seine Beziehungen zum Anderen aufbaut.«[64] Wer vermag dem Westen in seiner unvergleichlichen intellektuellen, militärischen, technischen und wissenschaftlichen Vitalität zu folgen? Wer findet sich in den von Jahrzehnt zu Jahrzehnt wechselnden und einander widersprechenden Diskursen noch zurecht, wer in der Unmenge von humanwissenschaftlichen, historischen, philosophischen und anthropologischen Werken, die die immer kurzlebigeren intellektuellen Moden bestimmen?[65]

Im Übrigen bekommt der Westen, wie gesagt, häufig Angst vor seiner eigenen Macht. Befindet er sich nicht am Rand des Niedergangs? Wird er nicht allseits von Barbaren belagert, die die Waffe starken Bevölkerungswachstums ins Feld führen, während die demografische Entwicklung im Westen rückläufig ist?[66] Droht ihm nicht das tragische Schicksal des Römischen Reichs? Also muss er stets aufs Neue zeigen, dass er der Stärkste ist: siehe Golfkrieg, siehe Afghanistan. Wer sich dem westlichen Führungsanspruch nicht beugen will, den Westen gar herausfordert, wird zur Vernunft gebracht. Der Westen bietet derzeit ein nachgerade napoleonisches Schauspiel, zeigt sich von seiner besten wie von seiner schlimmsten Seite, bald enttäuscht und entzaubert, bald mit der Energie eines heiligen Feuers beseelt. Der Westen als Festung und gefahrenreiches intellektuelles Labyrinth. Man kann hineingehen, aber findet man auch wieder hinaus? Kann man sich darin orientieren? Denn der Westen ist wie Rom gastfreundlich, er nimmt Barbaren aus allen Weltengegenden auf und zieht daraus seine Kraft. Multikulturelle oder national homogene Gesellschaft – eine weitere Debatte, die im Westen wütet. Amerikanisches versus europäisches Modell, Letzteres selbst in voller Entwicklung.

Die Verwestlichung der Welt: die Macht und das Heilige

Die Macht trägt, weil sie sich eigentlich nicht recht erklären lässt, in sich den Keim des Heiligen. Sie birgt eine geheimnisvolle Alchemie, die stets Momente des Heiligen an sich hat. Der Westen ist gerade aufgrund seiner Machtstellung eine heilige Welt. Nur deshalb nahm er das Attentat vom 11. September als Frevel an seiner »Obergewalt« und Allmacht wahr, als böse, diabolische Schandtat, als Sakrileg. Der

Westen ist kein Götze, kein goldenes Kalb, an dem man sich ungestraft versündigen dürfte. Daher die unvergleichlich heftige Reaktion der Vereinigten Staaten, ihr unbedingter Wille, gleich einem »zornigen Gott« die Sünder zu bestrafen. Der Opfer der Anschläge vom 11. September wurde daher in besonderer Weise gedacht, wo »normale« Unfall- oder Kriegsopfer in den Nachrichten nur beiläufig Erwähnung finden. Ein auffälliger Kontrast, der nahe legt, dass die Attentatsopfern als besondere Menschengruppe wahrgenommen wurden.

Doch so sehr der Westen entzaubert und ernüchtert ist, weil die Zahl der praktizierenden Gläubigen sinkt, so wenig mag er darauf verzichten, sich einen heiligen zivilisatorischen Auftrag von nachgerade biblischer Unbedingtheit zuzuschreiben: Er ist der Auserwählte, er bringt das Heil, er führt das Schwert im totalen Krieg zur Sicherung seiner Herrschaft. Seine großen, heute siechen Ideologien – der Kommunismus und der Nationalismus – ebenso wie der Traum von einer idealen Bürgerrepublik waren getragen von der Kraft und der Gewalt der großen religiösen Abenteuer des Monotheismus, dessen wie immer jüdische, christliche oder moslemische Archetypen sich im Alten Testament finden. Der Menschheit das Heil bringen: Diese Vernunft, mag sie nun auch in verweltlichter Form daherkommen, funktioniert im Westen noch immer nach Art des monotheistisch Heiligen.[67] Nicht Gottes Ratschluss zwar bringt das Heil, dafür aber die Vernunft und die gesellschaftliche Organisation.

Heiliges Ziel, profanes Mittel: Ist das möglich? Serge Moscovici schrieb mit Blick auf jene Rationalität, die der »Index« der Geschichte des Westens sei: »So gebietet die Macht [des Westens] dieselben Gefühle der Verehrung und der Furcht wie das Heilige.«[68] Nicht weniger hellsichtig beschreibt Emil Cioran den Wahn falscher Verabsolutierung im Vorwort zu einer Ausgabe von Voltaires Theaterstück *Mahomet:* »Als instinktive Götzenanbeter verkehren wir die Gegenstände unserer Träume und Interessen in unbedingt Bestehendes. Die Geschichte ist nur ein Aufzug falscher Verabsolutierungen, eine Abfolge von Tempeln für Vorwände errichtet, eine Erniedrigung des Geistes vor dem Unwahrscheinlichen. Noch wo er sich von der Religion entfernt, bleibt der Mensch ihr verhaftet; er erschöpft sich in der Konstruktion von Gottes-Simulakren, die er anschließend fieberhaft annimmt: sein Bedürfnis nach Erzählungen und Mythologie triumphiert über alle Evidenz und Lächerlichkeit.«[69]

Denn da braucht man sich gar nichts vorzumachen: Die Unordnung der Welt reflektiert auch die Unordnung des allmächtigen Westens und seiner Widersprüche. Keine Region, kein Land, keine Gesellschaft, die im Laufe des 19. und 20. Jahrhunderts nicht in den Bannkreis des westlichen Denkens geraten wäre. Keine denkende Elite, die nicht zumindest Bruchstücke der Aufklärungsphilosophie kennte, nicht die grundlegenden Texte der amerikanischen Unabhängigkeitsbewegung oder der Französischen Revolution oder der marxistischen Küchenlateiner gelesen hätte. Heute mehr denn je durchläuft ein Großteil der nichtwestlichen Elite amerikanische oder europäische Universitäten und verdient sich dort ihre intellektuellen Sporen.

Die westlichen Ideologien sind allüberall, offen sichtbar oder versteckt, sie strukturieren und destrukturieren die Gesellschaften im Rhythmus der intellektuellen Moden des Westens und seiner unmittelbar politischen oder militärischen Interventionen. Laizistisch waren die Ideologien der Dritten Welt, als Laizität in Mode war, religiös, als der Westen Gott – Rabbiner, Päpste, Bischöfe, Scheichs, Mullahs und Ajatollahs – in den Kampf warf, um dem Kommunismus den Todesstoß zu versetzen. Die Iraner erfanden sogar eine »islamische Republik« und verheirateten damit unbewusst die laizistische Aufklärung und den modernen Parteienbegriff mit religiöser »Archaik«.

Selbst im Kampf gegen den Westen bedient man sich seiner Waffen, sei es des Nationalismus französischer oder deutscher Prägung, sei es des Selbstbestimmungsrechts der Völker, sei es des Staatsabsolutismus hegelianischer, marxistischer, antiimperialistischer oder antisemitischer Machart oder sei es schließlich der »Rache Gottes« und der Rückkehr zur Religion. Halten wir in diesem Zusammenhang fest, dass der moderne Antisemitismus – der nicht mehr wie die vor allem in der christlichen Welt beheimatete traditionelle Judenfeindschaft in theologischen Streitigkeiten wurzelt, sondern sich zum mörderischen, unterm Nazismus gar völkermörderischen Rassismus ausgewachsen hat – erst in jüngster Zeit in die moslemische Welt importiert wurde. Der Antisemitismus im Orient verdankt sich dem Export der antisemitischen Literatur Europas, zuvörderst der berüchtigten *Protokolle der Weisen von Zion*, ein russisches Propagandawerk des ausgehenden 19. Jahrhunderts. Stimuliert wurde dieser Import durch die Gründung des Staates Israel und deren traumatischer Wirkung auf die arabischen und moslemischen Länder.

Die »Verwestlichung« der Welt zeigt sich also in der Lebens- und Denkweise ebenso wie an den verschiedenen Spielarten der religiösen, ethnischen oder regionalistischen Selbstinszenierung. Es sind die Moden des Westens, die den Ton angeben. Der amerikanische Nachrichtensender CNN dominiert die Welt auch insofern, als er mit Blick auf die Inszenierung der allerneuesten Neuigkeiten und der wie immer authentischen oder abgekarteten Debatten über Letztere überall imitiert wird. Nicht nur die Technik und Technologie des Westens durchdringen die Welt bis in den hintersten Winkel, sondern auch seine Lebensart, seine Wahrnehmungsformen, seine Informations- und Propagandaweise.

Wer daher weiterhin von einem Bruch zwischen Orient und Okzident ausgeht, beschreibt weniger die Wirklichkeit, als dass er Identität inszeniert, so wie es die westliche Kultur in den vergangenen zweihundert Jahren vorexerziert hat.[70] Die explosionsartige Entwicklung der Kommunikationstechnologie und das kolossale Wachstum der Migrations- und Reiseströme erleichtern die globale Verwestlichung, auch wo sie durch antiwestliche Inszenierungen scheinbar abgelehnt wird. Der viel beschworene Bruch zwischen Ost und West spiegelt im Imaginären nur höchst profane Machtinteressen und geopolitische Gegensätze. Er verschiebt sich je nach wechselnden Interessenkonstellationen und zeitpolitischen Umständen. Vor allem aber markiert er eine mythologische Grenze, mit der der Westen via den Gegensatz zwischen Ariern und Semiten beweisen will, dass er im Vergleich zu anderen Völkern, Kulturen und Zivilisationen von höherer Geburt sei.

Was für eine Höllenmaschine, dieser Westen! Er übt Selbstkritik, zerfleischt sich in internen Kriegen, macht tausend Mutationen durch, wähnt sich im Niedergang und erhebt sich doch jedes Mal mächtiger denn je zuvor und knetet die Welt nach Lust und Laune und nach seinen vermeintlichen strategischen Interessen. Die Marxisten glaubten lange Zeit, die industriekapitalistische Welt würde an ihren eigenen Widersprüchen zerbrechen und den Weg frei geben für eine neue Etappe in der Befreiung der Menschheit und ihres Aufstiegs zum allgemeinen Glück. Heute ist das marxistische Denken fast spurlos verschwunden. Heute breitet sich der Kapitalismus mit demselben heiligen Furor aus wie einst der Sozialismus. Wird er sein Werk erfolgreich beenden oder wird er die Welt weiterhin mit seinen Kapriolen erstaunen, ständig hin und her schwanken zwischen entwerteter Laizität und imaginären Zivilisationskriegen, zwischen einem angeblich mystischen Orient und einem vorgeblich materialistischen Okzident? Wir werden dieser Frage in Kapitel 7 nachgehen. Zuvor wollen wir jedoch die vom Identitären, Religiösen, Ethnischen und Zivilisatorischen ausgehende Faszination beleuchten, die mehr denn je den Gang der Weltgeschichte prägt.

4. Die faszinierende Wirkung des Identitären auf die Moderne

Die Romantik und der Orient: mystischer Orient, materialistischer Okzident?

Die gegen Ende des 20. Jahrhunderts erneut auflebende Faszination des Identitären wurzelt in verschiedenen Strömungen des westlichen Denkens, die wir bereits gestreift haben. Fast immer war sie eine Begleiterscheinung westlicher Welteroberung und der damit einhergehenden strategischen und geopolitischen Interessen. Wer sich in der Literatur über die um die Wende zum 20. Jahrhundert viel diskutierte »Orientfrage« auskennt, weiß, dass die europäischen Werturteile über die Völker, Religionsgemeinschaften und ethnischen »Minderheiten« der Region – die im westlichen Verstand der Zeit den Balkan sowie den türkischen und arabischen Nahen Osten umfasste – eine Funktion der europäischen Macht- und Eroberungspolitik waren. Zwischen den anthropologischen Vorurteilen und der Mobilisierung der Öffentlichkeit für die koloniale Machtpolitik bestand ein enger Zusammenhang – obwohl die Identitätsklischees auch im Kontext der inneren Entwicklung der europäischen Gesellschaften zu sehen sind.

Die kulturellen und geopolitischen Interessen der Vereinigten Staaten beschränkten sich damals auf wenige Regionen. Außerhalb Europas und im Orient galt Amerika als uneigennützige Macht, die nur das Streben der Völker nach Glück und Unabhängigkeit im Auge habe, Ziele also, die US-Präsident Woodrow Wilson in seinem 14-Punkte-Programm auf der Pariser Friedenskonferenz nach dem Ersten Weltkrieg darlegte. Heute kann davon natürlich keine Rede mehr sein, denn das abermalige Wiederaufleben des Identitätsklischees seit den siebziger Jahren speist sich nicht nur aus alten europäischen Traditionen, sondern in erheblichem Maß auch aus amerikanischen Leidenschaften.

Nichts regt die westlichen Kollektivpsychologien so sehr an wie jenes alte romantische Klischee, das gegen Ende des 20. Jahrhunderts wieder in Mode kam und am 11. September seinen vorläufig letzten Kristallisationspunkt fand. Der große André Malraux hatte es vorhergesagt: Das 21. Jahrhundert wird ein »religiöses« Jahrhundert sein. Schwach und schal, wie die Laizität heute wirkt, verwundert es nicht, dass der letzte der Romantiker die Rache Gottes kommen sah, noch bevor sie auf der Tagesordnung stand. Bereits die Romantiker des 19. Jahrhunderts verhöhnten den europäischen Fortschritt, den Aufstieg des Individualismus, die Welt der Technik und der Organisation, um sich tagträumend in die archaischen Landschaften des Orients zu flüchten, wo sie überall den Duft und die Spuren Gottes gewahrten.[71] Ob Chateaubriand, Lord Byron oder Gérard de Nerval, sie alle suchten im Orient Inspiration, im alten Griechenland ebenso wie im heiligen Land, im Libanon, in Palästina, in Syrien, vom durch und durch religiösen Ägypten der Pharaonen ganz zu schweigen. Auf den Spuren Moses, Christi und Mohammeds wandelnd, erinnerte die großen europäischen Dichter alles im Orient an die Abwesenheit Gottes in ihrer eigenen Zivilisation, an das Ende des Patriarchats, der Stämme und des Gebets, das die Tage der Unschuld skandierte. So kristallisierte sich allmählich das Bild von einem Europa heraus, das im Streben nach materiellem Fortschritt seine Seele verloren hatte. Der Orient aber, seine Mystik, seine Vorstellungen von Ehre, seine angebliche Geringschätzung materieller Werte wurden idealisiert.

Freilich sonderte das europäische Denken auch hier die haarsträubendsten Widersprüche ab, denn die poetische Idealisierung vertrug sich aufs Vortrefflichste mit wütenden Invektiven gegen die orientalischen Sitten, gegen die Hinterlistigkeit und Doppelzüngigkeit der Orientalen, wobei der überlegene Westen als Ausgeburt an Rationalität erschien. Dieser Furor passte, wie gesagt, hervorragend zu den an die Sprachforschung und den Darwinismus sich anlehnenden Rassentheorien und die angebliche Schwerfälligkeit des semitischen Geistes, die Renan dem Islam bescheinigte. Vor Renan hatte bereits ein anderer großer Denker, Voltaire, ein bissiges Pamphlet gegen Mohammed, den Propheten des Islam, den Antichrist verfasst, das weder dem Philosophen selbst noch seinem Denkgebäude zur Ehre gereicht.[72] So behauptete die europäische Kultur mit seltener Leichtigkeit völlig widersprüchliche Dinge. Wir sind dieser Tatsache schon öfters begegnet: Die größten Denker führen uns zu den höchsten Gipfeln der Erkenntnis und Reflexion, nur um uns plötzlich ins allergemeinste Stereotyp zu stürzen.

Doch trotz seiner unergründlichen Dummheit steht das gedoppelte Klischee vom materialistischen Westen und spiritualistischen Osten hoch im Kurs wie ehedem. Auch die orientalischen Intellektuellen, die es bei guten europäischen Autoren gelernt haben, machen davon übermäßigen Gebrauch, um dem Minderwertigkeitsgefühl angesichts der Überlegenheit Europas, das den Orient kolonisierte, und des Westens, der die Welt beherrscht, etwas entgegenzusetzen. Unablässig wiederholen sie, der Orient sei das Land der uranfänglichen Reinheit, seine Kinder die Erben der großen Propheten, denen der Westen alles verdanke. Der Orient trage die Fackel Gottes weiter, von der der »barbarische« Westen nichts mehr wissen wolle, weil er sich in materiellen Wohlstand flüchtet, die Religion herabwürdigt, die Ehre der Familie geringschätzt, die Frau nicht als wesentlich Mutter und Gattin betrachtet und das Familienoberhaupt, den »Patriarchen«, von seinem Sockel stürzt.

Für die orientalischen Intellektuellen ist der Orient das Reich des Lichts und des Glaubens, der Okzident das Reich der Finsternis und der Gottlosigkeit. Atheistische Philosophen haben den Westen seiner Seele beraubt, woran vor allem die Laizität schuld sei, jene Kriegsmaschine gegen Gott, die Himmel und Erde, Weltliches und Geistliches zu trennen sucht. Mag der Okzident sich in seiner Macht und seiner Wollust wälzen, der Orient bleibe auf immer der Wächter des Tempels und werde es nicht zulassen, dass der Westen seine Seele tötet. Diese Sichtweise macht erklärlich, weshalb die Ablehnung der Laizität in der islamischen Literatur von heute besonders hysterische Formen annimmt. Ganz anders die moslemischen Reformer Anfang des 19. Jahrhunderts. Sie äußerten sich sehr positiv über die Demokratie und die moderne Staatsbürgerlichkeit, die sie auf ihren Reisen nach Europa vor allem in Frankreich kennen lernten. Den islamisierenden Propagandisten unserer Zeit hingegen gilt die Laizität als Kriegsmaschine des Westens, als »jüdisch-christliche Verschwörung« gegen den Islam.[73]

Ja, die intellektuellen Neurosen kennen buchstäblich keine Grenzen mehr, denn diese verrückten Bilder haben mit der Wirklichkeit nichts gemein. Macht- und Geldgier finden sich zu allen Zeiten und an allen Orten. Der Westen ist nicht materialistischer oder reichtumsversessener als jede andere imperiale Gesellschaftsordnung. Vom Reichtum ging immer und allerorten eine große Faszination aus, um seinetwillen wurde Krieg geführt, erobert, geplündert, ausgebeutet. Die Orientalen haben mitnichten ein Monopol auf Sittenstrenge und Reinheit. Man denke nur an die Märchen aus Tausendundeiner Nacht, an die unverschämte Ostentation des Reichtums in den orientalischen Großreichen, das letzte in der Reihe, das Osmanische Reich, eingeschlossen. Und erst der unglaubliche Reichtum, den das Erdöl heute in viele arabische Länder pumpt, ein Reichtum, den sich die königlichen Herrscherfamilien ebenso wie ihre republikanischen Doppelgänger in skandalöser Weise unter den Nagel reißen und im Westen investieren oder in luxuriösestem Lebenswandel verprassen. Die Finanzierung islamischer Wohlfahrtsorganisationen dient demgegenüber nur als Feigenblatt, das schlecht verbergen kann, dass die Sitten durch diesen nach jahrhundertelanger Armut hereinbrechenden Reichtum völlig aus dem Lot geraten sind.

Wenn es überhaupt einen den religiösen Geboten frommenden Kontinent gab, dann das Europa, dem die Gnade des Christentums zuteil wurde. Ein dicht gewebtes Netz aus Klöstern, Kirchen und Abteien zieht sich über das ländliche wie das städtische Europa, und in dieser Hinsicht kann der Kontinent den orientalischen Städten mit ihren zahlreichen Moscheen durchaus das Wasser reichen. Die ländlichen Gegenden im Orient kannten zu keiner Zeit die tiefe Frömmigkeit, die auf dem flachen Land in Europa bis Anfang des 20. Jahrhunderts anzutreffen war. Mystik und Verzicht auf die Güter und Freuden dieser Welt prägten das westliche und das östliche Christentum gleichermaßen. Eine Figur wie der heilige Franz von Assisi, aber auch die im 19. Jahrhundert entstandene christliche Soziallehre, die Arbeiterpriester und die Befreiungstheologie in Lateinamerika widerlegen eindeutig das Bild vom bloß materialistischen und atheistischen Westen. Nichtregierungsorganisationen wie das »Comité Catholique contre la Faim et pour le Développement« (CCFD) oder der Ökumenische Rat der Kirchen springen in die Bresche, wo die traditionelle Solidarität des Gebens und Nehmens versagt. Dabei sind in den Vereinigten Staaten wie in Europa erhebliche Summen im Spiel. Und wie ließe sich bestreiten, dass gerade in der christlich-europäischen Kultur auch heute noch große Theologen über Gott und das Verhältnis zwischen Gott und der Welt reflektieren?

Noch paradoxer mutet an, worauf wir in Kapitel 6 genauer eingehen werden: Der Islam hat allein weltliche Machtinstitutionen hervorgebracht, zu keiner Zeit aber eigenständige kirchliche Institutionen. Das iranische Regime, in dem die religiösen Führer die weltliche Macht kontrollieren, ist etwas historisch völlig Neues, das sich vielmehr der Verwestlichung des Iran verdankt. Sogar Saudi-Arabien, wo der Islam noch am ehesten einer Theokratie ähnelt, wird von einer Herrscherfamilie regiert, die zu keiner Zeit religiöse Ämter bekleidete. In Pakistan und im Sudan waren es Militärdiktaturen, die einen am Koran sich orientierenden Gesetzeskorpus der rigoristischsten Art durchsetzten.

Der Diskurs über die angebliche Spiritualität des Orient darf nicht vergessen machen, was diese Region auch auszeichnet: ihre unerhörte Dekadenz, ihre religiöse Heuchelei, die Kleinmütigkeit ihrer Politiker, die materielle wie politische Korruptheit ihrer Regime, ihre erstaunliche Unbeweglichkeit. Im Westen mag dieser Diskurs Ausdruck der Entzauberung sein, ein wirksames Heilmittel ist er nicht. Ganz im Gegenteil, er sorgt für zusätzliche Verwirrung, zumal im Verein mit dem aus anderer Tradition stammenden konsumkritischen

Diskurs. Angesichts maßloser Verschwendung predigt er den Ländern der Dritten Welt, sie sollten dem Ziel »Entwicklung« mit Misstrauen begegnen, handle es sich dabei doch um ein exklusiv westliches Produkt, das anderen Regionen schlecht anstünde.[74] Industrialisierung, sichere Arbeitsplätze, Arbeitslosenversicherung und Sozialhilfe, kurz, alles was an der Entwicklung westlicher Prägung anziehend wirkt, sei nicht für die Dritte Welt. Die intellektuelle Verwirrung unserer Zeit verführt dazu, alles in einen Topf zu werfen: die »Entzauberung der Welt«, den Verlust an Spiritualität, die Kritik am herrschenden Entwicklungsmodell und dessen Anwendung auf die Dritte Welt, schließlich die Globalisierungskritik, auf die wir in Kapitel 7 zu sprechen kommen.

Indes, hat das Unbehagen, das Herbert Marcuse bereits in *Der eindimensionale Mensch*[75] diagnostizierte und das Marcel Gauchet in seiner Fortschreibung der Weber'schen Entzauberungs-These beschreibt, wirklich solche Ausmaße erreicht, dass als Ausweg nur noch die Sehnsucht nach Spiritualität bleibt? Unbestreitbar ist, dass seit den siebziger Jahren eine wachsende Faszination vom Islam ausgeht, dass er Konvertiten macht, obgleich weit weniger als der Buddhismus, dem die Medien nicht so viel Aufmerksamkeit schenken. Mussten wir in letzter Zeit nicht erleben, wie immer mehr pseudoreligiöse Sekten entstehen, die im Extremfall kollektiven Selbstmord begehen? Haben wir vergessen, dass mit Roger Garaudy ein führendes Mitglied der Kommunistischen Partei Frankreich zum Islam übertrat? Und mit Schrecken entdecken wir heute, dass junge Leute aus westlichen Ländern, aus Frankreich, Amerika und Australien, an der Seite der Taliban kämpften. Spricht aus diesen Phänomenen nur das in allen Gesellschaften anzutreffende Bedürfnis nach Abweichung und Abgrenzung, oder handelt es sich um Symptome einer in der westlichen Psyche bewusst oder unbewusst fortlebenden Religiosität? Sollte dies zutreffen, so wäre es nur normal, dass sich die Medien nach dem Zusammenbruch des Kommunismus und dem Rückzug der Laizität erneut Identitätsphänomenen zuwenden und Letztere dadurch aufwerten.

Die Zelebrierung der verlorenen Heimat

Die Religion avancierte seit dem Beginn der siebziger Jahre ohne Frage zu einem tragenden Motiv der westlichen Kultur und ihrer Medien. Religion nicht als Spiritualität oder Suche nach Transzendenz, nicht als Ethik oder Moral, sondern als Rückkehr zu formal ostentatorischen Ritualen, vor allem im Judentum und im Islam. Doch auch die spektakulären und von den Medien stets mit Aufmerksamkeit verfolgten Reisen des unermüdlichen Papstes Johannes Paul II. aus Polen spielten für die »Rückkehr des Religiösen« gewiss eine nicht unerhebliche Rolle. Längst dienen diese Rituale der Inszenierung der eigenen Identität. Neurotisch schwenkt man sie wie »patriotische« Hüte, um in der fast überall herrschenden abgrundtiefen Leere in moralischen und politischen Fragen das Gefühl zu haben, für irgendein hehres Ziel zu existieren.

Jede Identitätsgruppe hat ihren Märtyrerkatalog und ihre denkwürdigen Ereignisse. Man klagt über »Wurzelschmerzen«, so als hätten die laizistischen und demokratischen Prinzipien der Aufklärung die Welt tatsächlich entwurzelt und die Erinnerungen der verschiedenen ethnischen und religiösen Gruppen vernichtet. Religionen avancieren zu völkerrechtlichen Subjekten: das Judentum seit Beginn des 20. Jahrhunderts mit der Schaffung einer »jüdische Heimstätte«[76] in Palästina, aus der einmal der Staat Israel hervorgehen sollte; der Islam mit der 1969 gegründeten »Organisation der Islamischen Konferenz« (OCI), die als Instrument im Kampf gegen den Kommunismus gedacht war, später aber auch gegen die jüdischen Gemeinden mobilisiert wurde, die den Staat Israel unterstützten.

Die westliche Kultur mit ihrer unablässigen Konstruktion-Destruktion ihrer eigenen Hervorbringungen ist an dieser Entwicklung, wie gesagt, nicht unschuldig. Zunächst beschrieb, klassifizierte und hierarchisierte sie akribisch Ethnien und Stämme, Zivilisationen und Sprachgruppen, Rassen, Völker und Religionen, wobei über die Bedeutung dieser Begriffe nicht immer Einigkeit bestand, ihr Gebrauch nicht immer wissenschaftliche Strenge verriet.[77] Sodann, als würde sie von Reue gepackt, gab sie sich genüsslich der Verabsolutierung dieser Identitätsunterschiede hin und zelebrierte verloren geglaubte Erinnerungen. Man schrieb die eigene Geschichte um, suchte nicht mehr die Logik der Ereignisse, des Fortschritts oder der Revolution zu ergründen und zog sich vielmehr auf die Analyse partikularer Mentalitäten zurück, schrieb die »Annalen« heimatlicher Kleinstregionen, die unter der Lawine der Industrialisierung und Urbanisierung, der revolutionären Großereignisse, des demographischen Wandels und der Emigration begraben lagen.

Man zeichnete die physische und materielle Heimat nach, das ländliche Leben zum Beispiel, oder den Alltag der Handwerker. Man beschäftigte sich mit Identitätsgruppen, die durch die Einigungsbestrebungen des Nationalstaats ihre Konturen verloren hatten, seien sie ethnischer Art (wie etwa die Basken, Bretonen und Korsen) oder religiöser Provenienz (die Katharer zum Beispiel, oder die jüdischen Gemeinwesen in Europa, die dem Wahn der Nazis zum Opfer fielen). Für Europa, wo die »offizielle« Erinnerungsarbeit die Erinnerungen verschiedentlich unterdrückter Gruppen lange Zeit überdeckte, mag diese Geschichtsforschung fruchtbar gewesen sein. In der Dritten Welt jedoch kann von einer ernsthaften Beschäftigung mit der Geschichte der unterschiedlichen Gruppen, die diese pluralen Gesellschaften konstituieren, keine Rede sein. Hier entstand als Antwort auf die »entwurzelnde Westmoderne« eine Sehnsucht nach »Eigentlichkeit«, die in dem Maße in den Vordergrund rückte, wie der Fortschrittsgedanke sozialistischer oder marxistischer Provenienz verblich. Essenzialistische Kämpfe jenseits aller geopolitischen Zusammenhänge werden hier erzählt, Geschichten von der Unterdrückung unschuldiger »Minderheiten« durch ethnische oder religiöse »Mehrheiten«, die man der schlimmsten Untaten bezichtigt.

Der Verlust der »Heimat«, übrigens eines der großen Themen der westlichen Literatur des 19. Jahrhunderts, lebt in jüngster Zeit in den diversen Identitätsmoden wieder auf. Ein hervorragendes Beispiel für solche Sehnsüchte ist die amerikanische TV-Serie »Roots«. Das Streben nach »Eigentlichkeit«[78] ist, wie gesagt, eine der europäischen

Kultur eigentümliche Problematik, die mit der Industrialisierung und dem Verlust von Heimat zusammenhängt. Später jedoch fand sie auch in die Kollektivpsychologien nichteuropäischer Gesellschaften Eingang. Hier liegt unseres Erachtens auch der Grund für den modellhaften Streit zwischen den »Slavophilen« und den »Westlern« im Russland des 19. Jahrhunderts, ein Streit, der sich später in der arabischen Welt, aber auch in anderen Kulturen der Dritten Welt wiederholte. Man denke an die Bewegung Mahatma Gandhis, der die »Eigentlichkeit« der hinduistischen Traditionen gegen die Verwestlichung Indiens ins Feld führte. Das Werk Oswald Spenglers und Arnold Toynbees zeugt von dieser Sehnsucht nach dem Eigentlichen, nach kraftspendender Heimat, nach einem kulturellen Grundbestand, der jenseits der Moderne unangetastet weiterbesteht.

Die starke Faszination, die seit Anfang der achtziger Jahre vom Islam oder den islamischen Bewegungen ausgeht, wurzelt in dem Gefühl, Europa habe längst verloren, was der Islam noch verkörpern könne, er, der sich der entzauberten farblosen Welt des Westens widersetze. Nur vor dem Hintergrund der Suche nach der verlorenen Eigentlichkeit lässt sich die anfängliche Begeisterung mancher westlicher Intellektueller für die religiöse Revolution im Iran begreifen. Und die Studenten, die aus allen Teilen der Welt nach Europa gehen, um dort Soziologie, Geisteswissenschaften, Geschichte oder Religionswissenschaften zu studieren, geraten in ein universitäres und literarisches Klima, das ihnen diese Identitätsfixierung in ihren eigenen Arbeiten nahelegt.[79]

Geopolitischer Wandel und Identitätsfaszination

Dass sich Philosophie und Medien abermals fasziniert zeigen von solchen Identitätsinszenierungen, erklärt sich auch aus den geopolitischen und ideologischen Entwicklungen in der Schlussphase des Kampfs gegen den Kommunismus, als ethnische und religiöse Themen eine immer wichtigere Rolle spielten. Mit dem Zusammenbruch der Sowjetunion und der sozialistischen Regime in Mittelosteuropa lebte die »nationale Frage« wieder auf, zu deren Entstehung außerhalb Europas der Export der europäischen Vorstellungen von Nation im Anschluss an die Französische Revolution einen maßgeblichen Beitrag geleistet hatte.[80]

Vor Jahren hatte ein Bestseller[81] vorhergesagt, die Sowjetunion werde am Aufstand ihrer moslemischen Republiken zerbrechen, doch es waren die europäischen Republiken – die baltischen Staaten und Georgien –, die sich als Erste von der Föderation trennten, während die Moslems keine Eile zeigten, dem Sowjetregime den Rücken zu kehren (das in den moslemischen Republiken noch immer weitgehend intakt ist). So rückten Identitätsfragen mehr und mehr in den Mittelpunkt der Analyse. Zahlreiche neuere Arbeiten bemühen Identitätsphänomene als Konfliktursachen, auch wo solche Erklärungen nichts wirklich erklären. Viele Neuerscheinungen, die mitunter durchaus qualitativ hochwertige und nuancierte Analysen bieten, kommen – nicht ohne Zutun der Verleger – häufig unter spektakulären Titeln auf den Markt. Identitätsbezüge im Buchtitel sind allgegenwärtig, vor allem wenn es um den Islam geht. Da ist von einer »Geopolitik« des Islam und der Schiiten, aber auch der Christlich-Orthodoxen (Griechen, Russen, Serben) die Rede, als wäre die Religion ein Akteur auf der weltpolitischen Bühne.[82]

In Frankreich häufen sich seit Beginn der achtziger Jahre die Neuerscheinungen, die sich mit dem Islam und den Moslems befassen. Die Medien verschaffen diesen Arbeiten ein großes Echo, glauben sie doch, darin Erklärungen für die geopolitischen Krisen zu finden, die die arabischen Länder des Mittelmeerraums erschüttern und die Psychologie der maghrebinischen Einwanderer prägen. Besondere Aufmerksamkeit wird dabei den fundamentalistischen Bewegungen im Islam gewidmet. Doch anstatt sie nach Art der russischen Anarchisten des 19. Jahrhunderts oder der gewalttätigen linksradikalen Gruppen in Frankreich (Action Directe), Italien (Brigate Rosse), Deutschland (Rote Armee Fraktion) und Japan (Rote Armee) zu analysieren, bemühen diese pseudowissenschaftlichen Analysen allzu oft eine vorgeblich unveränderliche moslemische Mentalität, um der Bedeutung der religiösen Schriften dieser Bewegungen auf die Spur zu kommen.

Die Debatte, ob es moslemischen Mädchen erlaubt sein soll, in öffentlichen Schulen den Schleier zu tragen, konnte die französische Bevölkerung, die sich über die zunehmende Heterogenität der Gesellschaft berechtigterweise Sorgen macht, in ihrer Beunruhigung nur bestärken. Der französische Staatsrat suchte daraufhin einen Kompromiss zu finden zwischen den Prinzipien der laizistischen Schule und den Identitätsforderungen, deren Anerkennung gewissen Stimmen zufolge ein Erfordernis der Menschenrechte sei.

In diesem Zusammenhang erhalten auch die vielfach von religiösen Orden betriebenen Privatschulen neuen Zulauf, und ein alter Streit lebt wieder auf: Soll die laizistische Staatsschule der Identitätsmode nachgeben? Dürfen moslemische Mädchen in öffentlichen Schulen ein Zeichen ihrer Eigenheit tragen, sei es im ethnischen Verstand als Nationaltracht, sei es im religiösen Sinn, um ihr Haar zu bedecken? Haben Jugendliche jüdischen Glaubens das Recht, die Teilnahme an Prüfungen zu verweigern, die auf einen Samstag (den Sabbat) angesetzt sind? Dürfen sie mit der Kippa, einem Zeichen ihrer religiösen Identität, in die Schule kommen?

Gleichzeitig ermöglichte die Freigabe der Sendefrequenzen die Gründung religiös oder ethnisch gefärbter Radiosender. Der französische Sender Radio-Orient des saudisch-libanesischen Milliardärs Rafic Hariri überträgt jeden Freitag das Gebet aus Mekka. Auf der einen Seite versucht Frankreich, den französischen Islam zu integrieren, auf der anderen Seite duldet man die Ausstrahlung der antiwestlichen Hetzreden aus Mekka, wo die wahhabistische Sekte den Ton angibt. Geopolitische Freundschaft und geschäftliche Interesse haben eben ihres Preis.[83]

Auch bei der Machtergreifung der religiösen Führer im Iran 1979 spielte Frankreich eine Schlüsselrolle. Als der iranische Schah von der internationalen Staatengemeinschaft noch als legitimer Staatschef anerkannt war, gewährte die französische Regierung Imam Chomeini Asyl und gestattete ihm, von Neauphle-le-Château aus eine groß angelegte Kampagne zu orchestrieren. In dem friedlichen französischen Dorf wurde ein Zelt aufgeschlagen, in dem fortan Ayatollahs und Mullahs ein und aus gingen. Medienvertreter aus aller Welt waren eingeladen, die frohe Botschaft der religiösen Revolution in die Welt hinaus zu tragen.[84] Es dauerte nicht lange, da sollte die französische Regierung ihre Gastfreundschaft bitter bereuen, denn im iranisch-irakischen Krieg stand sie auf der Seite des Irak, was sie im Libanon teuer zu stehen kam. Mehrere französische Staatsbürger und Diplomaten wurden entführt, auf das französische Kontingent der multinationalen Friedenstruppe ein Selbstmordanschlag verübt. Die Nachwirkungen dieser unvorsichtigen Geopolitik und der damit einhergehende Bedeutungszuwachs identitätsfixierter Ideologien trugen im Verein mit dem großen Medienecho, das diese Entwicklungen fanden, nicht gerade dazu bei, die Assimilation der Einwanderergemeinschaften zu erleichtern. Verständlich daher, dass angesichts der jüngsten Zuspitzung der Ereignisse in Palästina Zusammenstöße zwischen der jüdischen und der moslemischen Gemeinschaft befürchtet wurden.

Es sei daran erinnert, dass die dramatischen Ereignisse im Libanon zwischen 1975 und 1990 in Frankreich ein großes Echo fanden und in den Medien leidenschaftliche Kontroversen auslösten. Die einen waren für die »konservativen Christen«, die anderen für die »palästinensisch-fortschrittlichen Moslems«; für nuanciertere Positionen schien kein Platz zu sein. Der damalige Staatspräsident François Mitterrand, der in der laizistischen Tradition der Linken stand, übte sich im plattesten Identitätsvokabular. Als die libanesischen Streitkräfte 1984 auseinanderbrachen, die schiitischen und die drusischen Soldaten eigenständige Kampfverbände bildeten und die schiitischen Amal-Milizen West-Beirut unter ihre Kontrolle brachten, meinte Mitterrand, ein »schiitisches Faktum« anerkennen zu müssen. Und als sich das libanesische Rumpfparlament 1988 nicht auf einen Nachfolger für den Posten des Staatspräsidenten einigen konnte und im Libanon zwei rivalisierende Regierungen amtierten, sprach der französische Staatschef von einer »moslemischen Regierung« unter Leitung von Salim al-Hoss und von einem »christlichen« General Michel Aoun, der sich mit Waffengewalt gegen Syrien zur Wehr setze.

Auch der Konflikt in Jugoslawien gab Anlass zu leidenschaftlichen Auseinandersetzungen, und auch hier hieß es: Entweder für die Serben, oder gegen sie. Milosevic, zweifelsohne ein wenig sympathischer Diktator, sollte an Allem schuld sein. Frankreich und Großbritannien, 1918 an der Ausarbeitung der Verfassung für das Königreich der Kroaten, Serben und Slowenen beteiligt, waren im Gegensatz zu Deutschland und dem Vatikan nicht sonderlich begeistert von der Abwicklung Jugoslawiens. Und wieder betätigten sich die großen Medien als schreckliche Vereinfacher und Schwarzweißmaler und bemühten ethnische Sonderinteressen, um den Zerfall der Föderation zu erklären, dessen Ursachen weit vielschichtiger waren.

Die spätere Nato-Politik im Kosovo erinnerte in mancher Hinsicht an die inkonsequente Haltung der amerikanischen Politik gegenüber den Kurden und Schiiten im Irak. In der Schlussphase des Golfkriegs 1991 zum Aufstand gegen Saddam Hussein aufgerufen, wurden sie von den Vereinigten Staaten just in dem Moment im Stich gelassen, als sie dem Aufruf Folge leisteten. Der Schutz, den die Alliierten den Kosovo-Albanern gewährten, löste einen Massenexodus aus und destabilisierte das kurz zuvor unabhängig gewordene Mazedonien, wo ein Drittel der Bevölkerung albanischer Abstammung ist.

So gut wie nie berücksichtigen die einschlägigen Analysen profane Faktoren wie die Machtspiele der lokalen Eliten, den Schmuggel und Drogenhandel mafiöser Organisationen oder das organisierte Verbrechen. Hauptsache Identität. Medienschaffende mit einem etwas anderen Blickwinkel ziehen sich dagegen heftigsten Tadel zu.[85]

Die Überbewertung des Religiösen

Dabei haben renommierte Wissenschaftler längst gezeigt, dass die konstruierten Bilder von ethnischen und religiösen Gemeinschaften weitgehend imaginärer Natur sind.[86] In seinem 1996 erschienenen

Buch über die »Identitätsillusion« übte der französische Politologe Jean-François Bayart scharfe Kritik an den vermehrt um sich greifenden »Identitätsträumen« und wandte sich gegen die Annahme, Kulturen würden sich in ihrem Wesen nie verändern und seien Ausdruck einer ihnen innewohnenden »Volksseele«.[87] Wenige Jahre später denunzierte der Amerikaner Stuart J. Kaufmann die einschlägigen Analysen, die die Balkankriege als »ethnische Kriege« darstellten, und explizierte die zahlreichen und vielschichtigen Ursachen dieser mörderischen Konflikte. Ethnisches Selbstbewusstsein, so Kaufmann, spiele demgegenüber nur eine Nebenrolle, werde von partikularen Interessen instrumentalisiert und sei daher mitnichten die eigentliche Triebkraft der Auseinandersetzungen.[88]

Auch die für kritisches Denken so wichtigen Beiträge der Psychoanalyse, der Anthropologie und der Soziologie zur Analyse des Phänomens Religion vermochten es offenkundig nicht, ein Klima zu schaffen, das es ermöglicht, den identitätsfixierten narzisstischen Diskursen mit der nötigen Nüchternheit und Distanziertheit zu begegnen, im Westen ebenso wenig wie andernorts.[89] Denn wie ihre Vorgänger so wurde auch diese akademische und mediale Mode überall kopiert, auch in der Dritten Welt. Stand zur Zeit der Entkolonisierung der laizistische Nationalismus französischer oder deutscher Prägung auf der Tagesordnung, so folgten wenig später die marxistisch inspirierten Analysen über die Massen und die »Kompradoren-Bourgeoisie«. Sodann kamen die religiös und/oder ethnisch gefärbten »Märtyrergeschichten« in Mode (wobei die Holocaust-Kultur bewusst oder unbewusst als Vorbild diente), schließlich die Ideologie der globalen Zivilgesellschaft, in der die Theologie der wirtschaftlichen Globalisierung einen zentralen Stellenwert einnimmt.

Der 11. September 2001 wurde in den europäischen und amerikanischen Medien natürlich zum Kristallisationspunkt aller geopolitischen Leidenschaften. Für nuanciertere Analysen schien kein Platz zu sein. Der Koran und Darstellungen des Islam avancierten zu Bestsellern, als könnte man in solchen Büchern eine Erklärung für die vielschichtigen Ereignisse finden, die den moslemischen Orient seit dem

Afghanistan-Krieg gegen die Sowjetunion – aus dem die Organisation Osama Bin Ladens hervorging – erschüttern.

Um diesen »Koran-Hype« zu verstehen, sei daran erinnert, welches Aufheben in den neunziger Jahren um ein im Übrigen recht mittelmäßiges Buch Samuel Huntingtons veranstaltet wurde. Der amerikanischen Regierungskreisen nahestehende Intellektuelle sagte darin einen *Clash of Civilizations* vorher.[90] Sieht man von dem reißerischen Titel ab, so beschreibt Huntington das fiktive Szenario eines religiös motivierten Zusammenstoßes zwischen dem Islam (der sich mit dem Buddhismus verbünde) und dem christlichen Westen, ein Szenario, das mit der Wirklichkeit nur entfernt in Beziehung steht. Dass eine Publikation, die sich durch ein begriffliches Durcheinander und eine analytische Armseligkeit sondergleichen auszeichnet, ein solcher Erfolg wurde, lässt sich nur dadurch erklären, dass sie bedient, was wir als den imaginären Bruch zwischen Orient und Okzident ausgemacht haben, nur dadurch, dass sie dies Imaginäre aktualisiert und den geopolitischen Bedingungen nach dem Zusammenbruch der Sowjetunion anpasst, nur dadurch, dass sie alle profanen Machtverhältnisse hinter religiös-essenzialistischen Identitäten verschwinden lässt, die missbräuchlicherweise als »Zivilisationen« figurieren. Seit Erscheinen dieses Buchs sind wir jedenfalls wie gefangen in der dort skizzierten Problematik, die im Übrigen einem Werterelativismus das Wort redet, angeblich um den Graben zwischen den »Zivilisationen« – will sagen jenen Bruch zwischen Orient und Okzident – nicht zu vertiefen.

Triumphiert in dieser Überbewertung des Religiösen die vom Protestantismus und dessen Betonung biblischer Archetypen stark geprägte angelsächsische Kultur, oder resultiert sie nur aus dem Fortleben der Weber'schen Soziologie? Oder spielen beide Faktoren eine Rolle? Laizität ist in den protestantischen Ländern nur in höchst relativer Weise verwirklicht. Von einer markanten Trennung zwischen profan Gesellschaftlichem und Religiösem, wie sie die katholischen Länder entwickelten, kann dort keine Rede sein. Was der Protestantismus gegenüber der katholischen Kirche und ihrer Intoleranz einklagte, war die Freiheit, eigene Kirchen mit eigener Liturgie zu gründen. Dass die Religion jedoch eng in die Weltanschauung und ins gesellschaftliche Leben verflochten sein müsse, gilt in den Vereinigten Staaten als ausgemacht. Mehr noch, jeder kann dort seine ethnische Abstammung oder seinen religiösen Glauben bekräftigen, ohne dass solche Selbstdarstellung schockieren würde (was in Kontinentaleuropa nicht der Fall ist). Nicht Laizität gilt in Amerika als politischer Grundwert, sondern allein religiöse Freiheit.

Hiervon zeugt zum Beispiel die Grundsatzerklärung, die eine Gruppe renommierter amerikanischer Intellektueller Anfang 2002 veröffentlichte, eine Rechtfertigung des Krieges, den die Vereinigten Staaten seit dem 11. September führen.[91] Die wortreiche Schrift stellt das moralische Wertesystem der Vereinigten Staaten dar und beschäftigt sich mit der religiösen Frage und ihrer Bedeutung. (Im Folgenden nach dem amerikanischen Original, d.Ü.) »Alle Unterzeichner sind der Auffassung, dass religiöser Glaube und religiöse Institutionen überall auf der Welt eine wichtige Grundlage der Zivilgesellschaft bilden und oft eine wohltätige und heilende Funktion auf die Gesellschaft ausüben, mitunter aber auch Trennung und Gewalt bewirken.« Drei Wege zur Lösung dieser »Grundprobleme der Menschheit« skizzieren die Autoren: die Unterdrückung der Religion, die laizistische Ideologie und die Theokratie. »Wir halten jede dieser drei Antworten für falsch. Mag der ideologische Säkularismus unter den jüngeren Generationen unserer Gesellschaft auch vermehrt Zuspruch findet, wir lehnen ihn ab, weil er die öffentliche Legitimität eines wichtigen Bestandteils der Zivilgesellschaft bestreitet und die Existenz dessen, was man mit einigem Grund als eine wichtige Dimension der Persönlichkeit betrachten kann, zu unterdrücken oder zu verleugnen strebt.« Im weiteren Verlauf rühmen die Autoren die amerikanische Lösung und den Stellenwert der Religion in der amerikanischen Gesellschaft: »Das Beste an den Vereinigten Staaten ist ihr Streben nach einer Gesellschaft, in der Glaube und Freiheit miteinander vereinbar sind und beide einander stützen. Wir haben eine säkulare Staatsordnung – unsere Regierenden sind nicht gleichzeitig religiöse Vorsteher –, aber unsere Gesellschaft ist bei weitem die religiöseste in der westlichen Welt.«

Die europäische Nuance im identitätsfixiert narzisstischen Diskurs

Die Ereignisse des 11. September fungierten also als Katalysator des westlichen Selbstdiskurses. Die heftigste Form nahm dieser Diskurs in den Vereinigten Staaten an; schließlich galten die Angriffe New York und Washington, und schließlich feierte die These vom Kampf der Kulturen in den Vereinigten Staaten ihren größten Erfolg. In Europa stieß Huntingtons Theorie eher auf Widerspruch, passt sie doch schlecht zu den Bemühungen der Europäischen Union um Anpassung an eine durch Identitätsvielfalt geprägte Wirklichkeit. Kein Wunder, dass mit ihr die Befürchtung einherging, sie könnte die Zuwanderergemeinschaften, die den Islam zur zweitstärksten Religion Europas machen, destabilisieren und die bereits bestehenden Probleme der Marginalisierung und sozialen Ausgrenzung, unter denen diese Gemeinschaften seit dem Ende des Wirtschaftswunders zu leiden haben, zusätzlich verschärfen.

Ein weiterer Grund für die nuanciertere Haltung Europas ist das deutliche Bewusstsein, dass die Begriffe Staat und Nation als Gemeinschaft der Staatsbürger ihre Verbindlichkeit verlieren. Dominique Schnapper beschrieb diese Entwicklung mit dem Ziel, den Begriff der Staatsbürgerlichkeit mit neuem Leben zur erfüllen.[92] Eine ernüchternde Kritik des Begriffspaars findet sich auch bei Jean-Marie Guéhenno, der das Ende der Demokratie vorhersagt und eine »Libanisierung der Welt«[93] kommen sieht. Trotz aller Selbstkritik wird also auch hier das Bild des Anderen im »Orient«, im vorliegenden Fall der Libanon, als Schreckbild zitiert.

Europa sucht nach einer vernünftigen Antwort auf das wachsende Identitätsbewusstsein seiner Einwanderer. Denn im Zuge der wie immer politisch oder wirtschaftlich motivierten Zuwanderung aus den ärmeren Teilen der Welt wuchsen die fremdländischen ethnischen und religiösen Gemeinschaften, die während der Kolonialzeit in den Metropolen entstanden waren, in den vergangenen dreißig Jahren weiter an und stellten die europäischen Demokratien mit ihren bislang vergleichweise homogenen Staatsvölkern vor neue Herausforderungen. Marcel Gauchet, der bereits erwähnte Entzauberungs-Theoretiker, beschreibt eindringlich, wie die alten Demokratien Europas, in denen starke jakobinische Traditionen fortleben, bemüht sind, die jüngsten Identitätsforderungen im Namen einer Erweiterung der demokratischen Grundsätze einzubinden.[94]

Überdies arbeitet Europa an der Schaffung einer großen Freihandelszone mit den nichteuropäischen Anrainern des Mittelmeers. Dieses Projekt verfolgt nicht nur wirtschaftliche Zielsetzungen, bezweckt nicht nur eine Erweiterung des europäischen Markts und eine Stärkung Europas im internationalen Wettbewerb, sondern hat ganz offenkundig auch eine politische Dimension: Man versucht, den Bruch zwischen Orient und Okzident zu überwinden, dessen Epizentrum im Geschichtsimaginarium des Westens eben das Mittelmeer ist. Wobei die »Orientalen« den Staat Israel als Auswuchs Europas auf ihrer Seite des Mittelmeers betrachten. Die 1995 verabschiedete Erklärung von Barcelona, die Sicherheit und Zusammenarbeit im Mittelmeerraum anstrebt und dabei Israel, die arabischen Staaten und die Türkei einschließt, verstand sich als Ergänzung, wenn nicht als Ersatz, der amerikanischen Anstrengungen, den israelisch-arabischen Konflikt durch wirtschaftliche Zusammenarbeit zu lösen – ein Versuch, der nach der kurzzeitigen Euphorie im Anschluss an die Madrider Konferenz 1991 und die Osloer Abkommen von 1993 nicht zum gewünschten Ergebnis führte.

Die Europäische Union fasst sogar ins Auge, die Türkei in ihren Kreis aufzunehmen. Der Zeitpunkt wurde nach Schaffung einer Zollunion im Jahr 1995 allerdings wiederholt verschoben. Dabei machte die EU gegenüber der Türkei immer wieder Defizite in Menschenrechtsfragen geltend, vor allem mit Blick auf das heikle Kurden-Problem. Die Begründung mag weitgehend gerechtfertigt sein, doch sei die Frage erlaubt, ob sie in diesem Fall nicht nur vorgeschoben ist. Auch in den Assoziierungsabkommen mit Tunesien (1995) und Algerien (2001) ist zwingend von der »Achtung der Menschenrechte« die Rede, doch dem scheint die Europäische Kommission nur wenig Bedeutung beizumessen. Freilich, die Integration von 60 Millionen Moslems, wie säkularisiert sie im Fall der Türkei auch sein mögen, würde die EU-Länder mit einem Grad an Multikulturalismus konfrontieren, den zu akzeptieren sie vielleicht noch nicht bereit sind, auch wenn den Türken seit der Säkularisierung der Türkei durch Atatürk nicht mehr das Negativimage anhängt, das Europa in den Jahrhunderten zuvor mit ihnen verband und das heute auf die Araber projiziert wird. Und diese Verschiebung auf die Araber, von denen einige als »Glaubenskämpfer« nach Afghanistan gingen, sorgt nun dafür, dass der Islam nach wie vor als exotische, fremde, ja feindselige Welt wahrgenommen wird, die es unter allen Umständen in ihre Schranken zu weisen gelte.

So sehr Europa also ein wenig Wasser in den amerikanischen Wein des totalen Krieges gegen den Terrorismus kippt, so schwer fällt es dem alten Kontinent, sich völlig davon zu lösen. Dass dem so ist, hat mehrere Gründe. Europa ist mit den Vereinigten Staaten historisch eng verbunden, denn zum einen ist die amerikanische Zivilisation ein Ableger der europäischen Kultur, zum anderen eilten die Vereinigten Staaten Europa im vorigen Jahrhundert wiederholt zu Hilfe, als das Überleben des alten Kontinents militärisch bedroht war – zunächst in den beiden Weltkriegen, anschließend durch die sowjetkommunistische Gefahr. Dass Europa gegen Washington »revoltieren« könnte, ist völlig ausgeschlossen. Im Übrigen sorgt Großbritannien für möglichst enge Beziehungen zwischen Europa und den Vereinigten Staaten.

Ein weiterer Grund ist die Verbundenheit Europas mit dem Staat Israel, der unmittelbar aus der Geschichte und der Kultur Europas hervorging. Ohne die antisemitischen Verfolgungen, derer Europa sich schuldig machte, ohne die sakrale Hypostasierung des europäischen Nationalismus, von dem die Gründerväter Israels, allesamt moderne laizistische Europäer, durchdrungen waren, wäre dieser Staat nie entstanden. Später trug die von den Vereinigten Staaten weitgehend geförderte Holocaust-Kultur dazu bei, dass sich Israel zum Allerheiligsten des Westens entwickelte. Israel verkörpert durchaus jene trügerische Laizität, auf die ich im folgenden Kapitel noch zu sprechen komme. In Israel besteht das Heilige in laizistisch-demokratischer Kulisse fort oder wird gar neu installiert. Israel ist ein integraler Bestandteil des modernen narzisstischen Diskurses des Westens über sich selbst, dem sich Europa nur schwer entziehen kann, obwohl im Laufe der gewaltsamen Zusammenstöße in Palästina 2001/02 deutlich wurde, dass das palästinensische Emanzipationsstreben in Europa auf weit mehr Sympathie stößt als in den Vereinigten Staaten.

Staatsräson und internationale Moral

Als der Westen für Anliegen eintrat, die er aus geopolitischem Opportunismus als »islamisch« bezeichnete – die Unterstützung der afghanischen Aufständigen im Krieg gegen die Sowjetunion, der Schutz der bosnischen und kosovarischen Moslems vor den Serben, die Befreiung des reichen Emirats Kuweit von den irakischen Besatzern –, da entstand einen Augenblick lang der Eindruck, als sei das Palästinenserproblem im Krieg zwischen den imaginären Vorstellungswelten von Orient und Okzident nur noch von zweitrangiger Bedeutung. Doch der durch die Ereignisse des 11. September bewirkte Umschwung in der weltpolitischen Konjunktur hat den Islam und Palästina abermals ins Zentrum dieses verfluchten Bruchs katapultiert.

Groß ist daher die Gefahr, dem Gefühl, dass dieser Bruch durchaus real sei, neue Nahrung zu verschaffen, zumal von Gerechtigkeit und Gleichbehandlung – Werte, als deren Träger der Westen sich geriert – nichts mehr zu sehen ist, sobald es um Israel geht. Die für die Aufrechterhaltung der internationalen Ordnung unerlässliche Laizität des westlichen Diskurses büßt dadurch seine Glaubwürdigkeit ein. Indem Europa und die Vereinigten Staaten die bewaffneten islamischen Bewegungen, die im Kalten Krieg als Janitscharen des Westens fungierten, sich anschließend jedoch gegen den Westen wandten, mit den nach eigenem Bekunden islamischen Widerstandsbewegungen gegen die israelische Besatzung in einen Topf werfen, blockieren sie jede Aussicht auf ein Nachlassen des Gefühls, dass wir uns in einem »Kampf der Kulturen« befinden, und tragen mehr noch dazu bei, dass sich dieses Gefühl zur allgemein geteilten Gewissheit verfestigt. Wer nicht wahrhaben will, dass sich der Westen mit seinem narzisstischen Diskurs via die Manipulation religiöser Versatzstücke und biblisch-monotheistischer Archetypen auf Abwege begeben hat, läuft Gefahr das Ende des »Politischen« zu sanktionieren, ohne das eine nationale und internationale Ordnung schlechterdings nicht möglich ist.

So sehr zu begrüßen ist, dass der Westen für die in Jugoslawien und Ruanda begangenen Kriegsverbrechen internationale Tribunale eingerichtet hat, so sehr muss man sich fragen, weshalb die Vereinigten Staaten der Gründung eines Internationalen Strafgerichtshofs für Kriegsverbrechen und Verbrechen gegen die Menschheit die Zustimmung versagte. Man darf sich auch fragen, weshalb der Westen außer den Kriegsverbrechern in Ruanda und Jugoslawien (wo man es offenkundig vor allem auf die serbischen Machthaber abgesehen hat) nicht auch andere Kriegsverbrecher vor Gericht stellt. Soll die Aburteilung jenen Diktatoren vorbehalten bleiben, die den westlichen Interessen nicht gedient, sich letzteren gar widersetzt haben? Wie schwach waren doch die schließlich im Nichts verlaufenden Pressionen, die Roten Khmer vor Gericht zu stellen, die in Kambodscha einen regelrechten Völkermord verübten, zu Zeiten des Kalten Krieges aber gegen Vietnam und die Sowjetunion Front machten. Auch den Führern der libanesischen Milizen, die in der einen oder anderen Weise mit einer der westlichen Mächte verbündet waren und für den Tod von insgesamt 150 000 Libanesen verantwortlich sind, blieb jede Strafverfolgung erspart.[95] Ebenso dem israelischen General Ariel Sharon, der den Einmarsch im Libanon und die Belagerung Beiruts im Sommer 1982 befehligte, bei der 22000 Menschen ums Leben kamen, nicht nur die 2000 palästinensischen Opfer von Sabra und Schatila.[96] Gleichermaßen verschont blieben die monströsen Diktatoren Afrikas und Lateinamerikas (darunter General Pinochet, der allen Anstrengungen spanischer Richter zum Trotz nicht gefasst und verhaftet werden konnte).

Und wie sollte man angesichts des kriminellen Irak-Embargos schweigen, das für den Tod von Zehntausenden Kindern verantwortlich ist? Nachgerade unvorstellbar ist, dass die Vereinten Nationen dieses Embargo noch zehn Jahre nach der Befreiung Kuweits aufrecht erhalten, während der Staat Israel, der nie eine einzige UN-Resolution umsetzte, nicht die geringsten Pressionen, nicht das geringste Embargo zu gewärtigen hatte. Was soll man angesicht dessen von der Verurteilung der Selbstmordattentate einiger Palästinenser halten, die seit knapp einem halben Jahrhundert dem Unglück eines entwurzelten Daseins ausgeliefert sind und unter der Besatzung einer der mächtigsten Armeen der Welt zu leiden haben? Gewiss, sie kämpfen unter der Fahne des Islam, doch besteht ihr eigentlicher Beweggrund nicht in der Befreiung eines Landes – ein Ziel höchst profaner Natur, das mit Religion nichts zu tun hat? Gleiches gilt für die südlibanesische Hizbollah, die seit 1983 einen erbarmungslosen Guerillakampf gegen die von 1978 bis 2000 währende israelische Besatzung führt und damit den Kampf der von der israelischen Armee dezimierten laizistischen und nationalistischen Bewegungen fortsetzt.[97] Sind sie, die sich nach eigenem Bekunden Gott verschrieben haben, deshalb weniger heldenhafte Widerstandskämpfer als die kommunistischen Resistance-Kämpfer unter der deutschen Besatzung? Gewiss, die Hizbollah steht unter iranischem Einfluss und vertritt die Ideologie der iranischen Revolution. Doch standen die französischen Kommunisten etwa nicht unter dem Einfluss der Sowjetunion, und vertraten sie etwa nicht die Ideologie des internationalistischen Marxismus?

Wie lange noch werden die Grundsätze der fortschrittlichsten politischen Moral für die geopolitischen Interessen der Großmächte respektive des Westens eingespannt? Gestern rechtfertigte der Kolonialismus diese Instrumentalisierung mit seinem »Zivilisierungsauftrag«; doch ist es akzeptabler, wenn das internationale Recht heute zum Spielball geopolitischer Launen und Leidenschaften, zum Spielball anthropologischer Vorurteile degeneriert?

Moral und Staatsräson dürfen nicht miteinander vermengt werden – wobei Letztere die Vernunft nur im Namen führt. Abzulehnen ist jede Rechtfertigung »staalicher Unvernunft«[98], jede Legitimierung durch jene Westentaschenanthropologie, die irrational an ein unveränderliches Wesen der Kollektivpsychologien glaubt und überall religiöse und ethnische Identitäten am Werk sieht, sie selbst in mafiösen

Machenschaften zu gewahren glaubt, im Drogen- und Waffenhandel, im Schmuggel aller Art, die allzu oft den Reichtum der Wort- und Anführer ethnischer oder religiöser Anliegen begründen und dafür sorgen, dass Gewalt und Massaker kein Ende finden.

So sieht er also aus, der Identitätswahn, den die ernüchtert-entzauberte Kultur des Westens hervorbringt, wenn sie intellektuell die Orientierung verliert, die sie vielleicht nie besaß. Ist die westliche Kultur wirklich rational und konsequent in ihrem Handeln? Macht und Dynamik implizieren nicht notwendig, dass Vernunft das Handeln regiert. Die Römer forschten in den Eingeweiden eines Huhns, um die Opportunität einer Schlacht in Erfahrung zu bringen. Die Griechen befragten ihr Orakel. Napoleon verließ sich oft mehr auf sein Glück und sein Genie als auf die Gegebenheiten vor Ort; so wurden ihm die Weiten Russlands zum Verhängnis. Andererseits war er auch ein genialer Baumeister großartiger Institutionen. Hitler war ein wahnsinniger Irrer, aber es gelang ihm, einen Großteil Deutschlands und Europas zu verführen. Stalin war kaum besser, aber die wenigen unter seinen Landsleuten, die ihn im europäischen Exil bereits in den dreißiger Jahren denunzierten, wurden kaum gehört.

Noch einmal: Die Gewalttätigkeiten, die wir hier denunzieren, sind vielfach geopolitischen Interessen geschuldet, in die sich anthropologische Leidenschaften mischen. Sie stützen sich auf alte religiöse und mythologische Archetypen, die wir im Folgenden untersuchen werden.

5. Laizität, Heilstheologie und Auserwähltheitsglaube

Die Überführung religiöser Archetypen in weltliche Ideale

Hat die Säkularisierung die Welt wirklich entzaubert? Ist der Rückzug Gottes aus unserem Alltag für eine Moderne verantwortlich, die das Glück der Gesellschaften nicht mehr gewährleistet, ja die Fehlentwicklung initiiert, unter der wir in der westlichen Welt wie auch andernorts zu leiden haben? Wir haben den Obskurantismus der Religion vertrieben, nur damit er uns in unerwarteter Gestalt, als säkularer Kommunismus etwa, oder als vielgestaltig religiöser Fundamentalismus – wovon der 11. September und die Taliban finsteres Zeugnis ablegen – erneut entgegentritt.

Ohne Hilfe der Religion regieren – besteht nicht genau darin die große Utopie des Westens? Kann die Vernunft allein das Glück der Menschen garantieren? Hat Napoleon nicht recht, dass die Religion unerlässlich ist, um die Menschen zu regieren? Widersteht Saudi-Arabien der korrodierenden Wirkung der Moderne nicht deshalb, weil es sich zum strengen Wächter der heiligen Stätten des Islam aufwirft und hinter der Fassade religiösen Rigorismus‹ verschanzt, während der Iran seiner säkular modernisierungssüchtigen Monarchie verlustig ging? Gilt Israel, dessen Existenzkriterium in religiöser Zugehörigkeit besteht, nicht dennoch als demokratischer Staat, der Moderne und religiöse Tradition versöhnt? Konnten all die Fortschritte der Demokratie, die Laizität französischer Prägung oder der »Säkularismus« angelsächsischer Provenienz, die Entstehung der Zivilgesellschaft, die Repräsentation partikularer Interessen, die Vervollkommnung der Menschenrechte, der Rechte der Frauen, Behinderten, Arbeitslosen, nationalen und religiösen Minderheiten – konnte all dies verhindern, dass der Westen selbst sich ernüchtert und entzaubert fühlt und sich nach einer den Alltag prägenden Mystik und Spiritualität zurücksehnt? Konnte diese allumfassende Verweltlichung verhindern, dass der Fanatismus im Herzen des Westens, der Irrsinn des Nazismus in Gestalt rassistischer Parteien ebenso fortwirkt wie außerhalb der westlichen Hemisphäre in der gewaltträchtigen Form religiösen oder ethnischen Identitätswahns, der in Massaker und Völkermord mündet? Ist der 11. September nicht ein Exempel für genau dieses Wiederaufleben von Irrationalismus und Obskurantismus?

Dies sind die Fragen, die uns zu Beginn dieses 21. Jahrhunderts bewegen, ohne dass wir eine fertige Antwort wüssten, nur dass wir ein wenig eingehender den Sinn und die Grundlagen dieser Laizität hinterfragen wollen, von der heute in Zweifel stehen mag, ob sie als Gesellschaftsprinzip haltbar, ob sie weltweit verallgemeinerungsfähig und geeignet ist, die beste aller Welten herbeizuführen. Gewiss, die katholische Kirche wirkte lange Zeit bremsend auf den wissenschaftlichen Fortschritt, die Durchsetzung der Moderne, die Befreiung der Frau und andere positive Folgewirkungen der Demokratie. Gerade deshalb wurde sie energisch bekämpft, und dieser Kampf bildete, wie wir gesehen haben, einen integralen Bestandteil der geheimnisvollen Alchemie der europäischen Renaissance.

Der Protestantismus bereitete den Angriff vor, indem er die königliche Tyrannenherrschaft und die päpstliche Korruption an den Pranger stellte, aber er zielte nicht auf die Aufhebung des Religiösen, nicht auf dessen Reduktion zur gesellschaftlichen Randerscheinung, sondern auf die Rückkehr zur Quelle der Bibel. Für Freiheit innerhalb des Christentums plädierte er, nicht für dessen Aufhebung in laizistische Ideale oder ungefähren Theismus wie später die Philosophen der Aufklärung. Luther zum Beispiel war nicht weniger Antisemit als andere, und Calvin regierte Genf mit strenger autoritärer Hand. Für Luther war das Fortleben des Judentums nach der Ankunft des Erlösers völlig inakzeptabel. Später öffnete sich der Protestantismus dem rationalistischen Geist der Aufklärung, obgleich zahlreiche protestantische

Kirchen bis heute der fundamentalistischen Rückkehr zu den Quellen das Wort reden, vor allem in den Vereinigten Staaten. Wie eng Nationalismus und Religion in den Vereinigten Staaten mit dem biblischen Archetyp des Einzugs ins gelobte Land verwoben sind, darauf haben wir in Kapitel 3 hingewiesen.

Was an der Geschichte Europas jedoch frappiert, ist nicht so sehr die Laizität oder Säkularisierung bezüglich der Trennung von Weltlichem und Geistlichem als vielmehr die Überführung des biblischen Archetypus von Heil und Auserwähltsein in die neuen laizistischen Ideale. Zwar figuriert das Heil nun nicht mehr als göttlicher Plan, der den Menschen leitet oder den zu entdecken der Mensch sich bemühen muss, sondern gewinnt einen viel präziseren Sinn und gibt sich als Glück des Menschen zu erkennen, das durch Fortschritt und bessere politische und gesellschaftliche Organisation zu realisieren sei. Die Vernunft, nicht mehr die Theologie mit ihren Dogmen weist nun den Weg. Und dieser Weg führt zu irdischem Glück, das sich zur göttlichen Ordnung, wie Priester, Propheten und Weise sie in allen Religionen und zu allen Zeiten be- und vorgeschrieben haben, in diametralem Gegensatz befindet.

Diese Verschiebung ist vergleichsweise leicht zu verstehen. Die Ideologie von Fortschritt und Vernunft tritt nicht ohne heftigste Auseinandersetzungen an die Stelle allen über das Heilige erreichbaren Heils. Am Ende des Wegs nimmt diese Ideologie selbst sakrale Gestalt an, sei es als liberaler Kapitalismus oder als »wissenschaftlicher«[99] Sozialismus. »Heil« bleibt noch in seiner desakralisierten Formulierung etwas Sakrales und kehrt im Ideal, das es in der europäischen, später – mit dem Übergang der Führungsrolle auf die Vereinigten Staaten – westlichen Kultur darstellt, eine eigentümlich transzendentale Bedeutung hervor. Wie verschiedentlich bemerkt wurde[100], motivierten diese als »säkulare Religionen« wohlverstandenen Ideologien die größten Kriege, die größten Heldentaten, die größten Opfer und stehen ihren vormodernen Vorläufern darin in nichts nach. Meist übernahmen sie auch das Vokabular, das die Kriege des Monotheismus ausgebildet haben: Kreuzzug, heiliger Krieg, Reich des Bösen, Dämon und dämonisch – Vokabeln, die nun in die Alltagssprache des prinzipiell säkularisierten Denkens einfließen.[101] Mit Blick auf den Krieg bedeutet die europäische Renaissance, bedeutet die westliche Säkularisierung in der Tat nicht den geringsten Bruch: so total die Gewalt, so global das weltliche Heil; skeptisches Nachfragen ist partout unerwünscht, bruchlose Loyalität eine Selbstverständlichkeit. Der Feind gehört ausgerottet, komme er von innen oder von außen. Die Hexenjagd der McCarthy-Ära zu Beginn des Kalten Krieges lieferte das Modell der postreligiös-weltlichen Inquisition. Die Funktionsweise der kommunistischen Parteien in Europa wie in der Sowjetunion mit ihren Säuberungsaktionen und Parteiausschlüssen erinnerte an das Wirken der Kirche und ihrer Konzile, denen man sich bei Strafe der Exkommunikation oder Schlimmerem zu unterwerfen hatte. Auf dieselbe Weise funktioniert heute das wirtschaftliche »Credo« des Neoliberalismus.

Hat der »westliche« Geist die verzauberte Welt der Bibel, den Geist des Monotheismus in seiner rohesten Form, in der Gestalt des bewaffneten Propheten, der sein Volk aus Sklaverei und Finsternis ans Licht führt, je hinter sich gelassen? Auch Jesus, dem Gewaltfreien, der keine Stammesgrenzen kannte, ist es nicht wirklich gelungen, diese Orientierung des Monotheismus aufzubrechen, entwickelte sich doch auch das Christentum zur kriegerischen Religion. Nicht weniger kriegerisch zeigte sich der Islam, der nach eigenem Bekunden den prophetischen Zyklus der Menschheitsgeschichte beschließt, nicht weniger kriegerisch auch das heutige Judentum, dessen Neuentstehung sich der gewaltsamen Schaffung des Staates Israel verdankt.[102]

Kann angesichts dessen wirklich davon die Rede sein, dass der Westen via Säkularisierung und Laizität einen Schnitt in der Weltgeschichte bedeutet? Brach der Westen tatsächlich mit seinen historischen Quellen und dem Orient, indem er mit der Philosophie der Aufklärung eine nach eigenem Bekunden laizistische Weltanschauung entwickelte? Je näher man hinsieht, desto zweifelhafter mag dies scheinen. Bruch qua technischem Fortschritt gewiss; Bruch qua Fähigkeit zu Selbstbetrachtung und Selbstkritik gewiss auch. Doch all dies verhindert nicht, dass der biblische Archetypus noch immer höchst wirkungsvoll ist: ein Gott, ein Wertesystem, ein Treueverhältnis, ein Heil, das nur das der Menschheit insgesamt sein kann. Dass Säkularisierung und Laizität Fortschritte brachten, Toleranz und Schutzrechte für nichtsubversive Dissidenten, auch dies unterliegt keinem Zweifel, darin besteht ihr großes Verdienst. Doch diese Fortschritte verhindern weder Krieg noch totale Gewalt, weder Ausgrenzung noch die Instrumentalisierung biblischer Symbole, weder in der Innenpolitik der so genannten westlichen Welt noch in deren Beziehungen zum Rest der Menschheit. Der große britische Historiker Arnold Toynbee gelangt in seinen tiefschürfenden Gedanken über die Entstehung und Bedeutung, aber auch die Fragilität der Laizität im Westen zu dem Schluss, dass die weltlichen Aspekte der westlichen Zivilisation »notwendig« auf eine »kurze Phase« beschränkt seien, und denunziert jene Denker und Philosophen, die diese Aspekte als eine »Totalität« und ein grundlegendes Konstitutiv der immanenten Natur dieser Zivilisation darstellten.[103]

Die monotheistische Logik und der Begriff der »auserwählten« Klasse oder des »auserwählten« Volks

Zusätzlich akzentuiert wird dieses Fortleben der monotheistischen Heils- und Gewaltlogik in den modernen Ideologien durch die Theologie des Prophetentums und Auserwähltseins. Individuen und Völker sehen sich im Licht der Bibel als Gottes Auserwählte oder, in der europäischen Moderne, als Auserwählte einer säkularisierten Vorsehung, die die Menschheit dem Heil entgegenführt. In der einen oder anderen Weise schöpften die modernen Nationalismen ausgiebig aus der biblischen Theologie des Auserwähltseins.

Ob Frankreich, Großbritannien, Deutschland, Italien oder Amerika: Welcher Nationalismus glaubte sich nicht mit dem Auftrag betraut, der Welt Licht und Aufklärung zu bringen? Das Europa der Nationalitäten, das dem Europa der Kirche und der Religionskriege folgte, hat sich vielleicht säkularisiert oder ist dabei sich zu säkularisieren, doch jede Nation wähnt sich in biblischer Manier als das auserwählte Volk, dazu berufen, der Menschheit Glück und Segen zu bringen. Die Bescheidenheit, die den säkularen Geist kennzeichnen sollte, lässt der Nationalismus vermissen und hegt ganz so wie sein monotheistischer Vorläufer einen ebenso exklusiven wie totalen Anspruch auf allumfassende Geltung. Und wie sein Alter Ego hat auch der Nationalismus seine Propheten und Hohenpriester, die das Volk töten, morden und bis zum Untergang kämpfen heißen, um sie anschließend in den Stand von Märtyrern zu erheben und ihnen Denkmäler zu setzen. Das Sakrale verschwindet mit dem modernen Nationalismus keineswegs, es wird nur aus seinem ehemaligen Epizentrum – der Kirche oder der Gemeinde der Gläubigen – überführt in die ethnische oder nationale Gemeinschaft, ins Staatsvolk, in dem alle Herkunftsunterschiede der Staatsangehörigen untergehen. So schreibt Manuel de Diéguez: »Die geistige Revolution und die Republik bleiben völlig unverständlich, berücksichtigt man nicht die theologische Kultur im Frankreich des 18. Jahrhunderts und die republikanische Verweltlichung der Christologie im Unbewussten des politischen Lebens der romanischen Demokratien.«[104]

Die westliche Nationalgeschichte zeigt sich in ihrer Entwicklung stets von biblischem Atem durchweht. Jede Nation durchquert ihre Wüste, berichtet von Wundern, die den Weg ins »gelobte Land« – will sagen: zur Nation in ihren historischen Grenzen – ebneten und empfiehlt sich anderen Nationen als exemplarischer Wegbereiter. Sei es als gesetzgebender Prophet à la Moses oder im Martyrium Christi, der sich zum Wohl der Menschheit opferte und die Archaik des alten Bundes überwand, um neue Regeln der Brüderlichkeit zu etablieren. Biblische Archetypen durchziehen in der einen oder anderen Form die gesamte Geschichte des Westens. Napoleon beförderte den französischen Nationalismus zum Modernisierungsvektor Europas und suchte dabei die alte monarchische Welt mit dem neuen, eigenhändig von ihm ins Leben gerufenen Verdienstadel unter einen Hut zu bringen. Und all dies vollzog sich im epischen Modus des Monotheismus und dessen beiden Grundpfeilern, als die sich die Suche nach Heil und allumfassend göttlicher Wahrheit ebenso wie die Voraussetzung eines auserwählten Volkes, dazu berufen, die Menschheit dem Heil entgegenzuführen, zu erkennen geben.

Auch die verschiedenen Spielarten des europäischen Sozialismus, die sich im Versuch, den Nationalismus zu transzendieren, parallel zu ihm entwickeln, folgten in ihrer inneren Konstruktion dem monotheistischen Modell. Marx avancierte zu ihrem Propheten. Als Erlöser der Menschheit und Heilsbringer fungierte hier nicht mehr ein Volk, sondern das »Proletariat«, das dazu berufen war sich zu vereinigen, um die Menschheit ins »gelobte Land« materiellen Überflusses und allgemeiner Gleichheit zu führen. Régis Debray hat in seiner eingangs zitierten Untersuchung über das »religiöse Unbewusste« sehr schön beschrieben, wie sehr das Zeremoniell des Sowjetregimes dem religiösen Zeremoniell ähnelte. Der russische wie der chinesische Nationalismus schöpften ihre Kraft und Dynamik einige Jahrzehnte lang aus dieser im Westen entstandenen Lehre des Marxismus. Den Russen eröffnete Letzterer die Möglichkeit, den Streit zwischen »Slawophilen«, die für den Erhalt der traditionellen »russischen Seele« und ihrer Stärkung gegen die Korrosionswirkung einer als westlicher Materialismus wahrgenommenen Kraft eintraten, und den »Westlern«, die sich für eine beschleunigte Modernisierung nach europäischem Vorbild stark machten, beizulegen. Der letzte große Slawophile war Boris Pasternak. Er lehnte den Marxismus wie den Kapitalismus als westliche Hervorbringungen ab und suchte das Wesen und die Spiritualität der russischen Seele zu bewahren. Dasselbe Phänomen lässt sich am arabischen Nationalismus beobachten, der unter dem Druck verschiedener Faktoren – wie wir noch sehen werden – der religiösen Ideologie schließlich das Feld räumen musste.

Der westliche Kapitalismus, der gegen Ende der achtziger Jahre über den Marxismus triumphierte, zeigte in seinem Sieg alles andere als Bescheidenheit. Auch er konnte der Versuchung der Heilstheologie und ihrer inneren Dynamik nicht widerstehen. An die Stelle des Proletariats als Menschheitserlöser und -beglücker traten die freien Unternehmer und Geschäftsleute. Millionäre und Milliardäre sprossen wie Pilze aus dem Boden. Der Internationale Währungsfonds, die Weltbank und die Welthandelsorganisation figurierten fortan als die Wächter des Tempels, ihr Führungspersonal als die Hohenpriester, Orakel und Propheten des neuen Zeitalters, das für die Menschheit anbrach. Die Gipfeltreffen der Staats- und Regierungschefs der westlichen Großmächte (G8) verkündeten wie einst die Zentralkomitees der großen kommunistischen Parteien das heilige Wort. Und die Versammlungen der internationalen Finanzinstitutionen erfüllen dieselbe Funktion wie einst die Kirchenkonzile oder die Vollversammlungen des Obersten Sowjet: Dissens, dissonante Meinungen und Aufstände werden unterdrückt und marginalisiert wie ehedem.

Hat die Verwestlichung der Welt Gott in seinem Wesen den Garaus gemacht? Hat sie ihn auch nur zurückgedrängt? Oder ist der Funktionszusammenhang, den zu sichern sie beiträgt, noch immer so stark vom monotheistischen Wesen geprägt? Gott mag seinen Namen gewechselt haben, hat er deshalb auch aufgehört unser profanes Handeln zu inspirieren? Erinnern wir uns noch einmal an die scharfsinnige Analyse, der Serge Moscovici die von Weber und Durkheim in der westlichen Kultur installierte Soziologie unterzieht: »Sie [die Rationalität] errichtet um Letztere [die Soziologie] tendenziell einen Konsens und bis zu einem gewissen Punkt einen Glauben. Deshalb schwebt über ihrer Sprache und ihren Begriffen der prächtige Schatten einer Theologie. Allem Anspruch auf Positivität und Erfahrungsnähe zum Trotz klingt in ihnen stets etwas ungewohnt Biblisches an. Zumindest im Vergleich mit der Sprache und den Begriffen ihrer Nachbarwissenschaften, der Ökonomie und der Anthropologie.«[105]

Trügerische Laizität

Eines der Hauptprobleme der Verwestlichung der Welt bestünde also in dieser falschen Laizität. Doch so sehr sich der Westen diese trügerische Säkularisierung zugute hält, so sehr sieht er sich heute veranlasst, seine Wurzeln in der jüdisch-christlichen Tradition zu verorten und die gute alte griechisch-römische Tradition fahren zu lassen, die sich die europäische Renaissance erfand, um ihre neuen Errungenschaften im Kampf gegen die festgefahrene Ideologie der Kirche zu rechtfertigen. Eröffnet sich mit diesem völlig neuen jüdisch-christlichen Selbstverständnis für den Westen nicht die Möglichkeit, seinen laizistischen Diskurs mit seinem wesentlich religiös geprägten Handeln in Einklang zu bringen?

Der Bezug auf die griechisch-römische Tradition bedeutete im Prinzip einen Bruch mit der monotheistischen Theologie und den diversen Ideologien, die das Heil der Menschheit in der Religion erblickten, das Ende einer binären Weltsicht, in der es »außerhalb der Kirche kein Heil« gab. Die griechisch-römische Tradition war heidnischer Natur und huldigte einem pantheistischen Pluralismus. Das klassische Heidentum lief auf institutionalisierte Pluralität hinaus, auf eine Vermischung der Götter und Kulturen, nicht auf ihre gegenseitige Ausgrenzung.[106] Es legte die Grundlage zu Demokratie und logischem Denken, das der Welt der Wunder entbehren konnte, und bereitete dem Skeptizismus ebenso wie der Liebe zum sokratischen Dialog den Weg, der im Dienst der Wahrheitssuche stand. Gewalt und Intoleranz im Dienst religiösen Glaubens wurzeln in dieser Tradition ebenso wenig wie die Auffassung, der Mensch könne sein Heil nur in dem einen Glauben finden, außerhalb dessen nichts als Finsternis sei. Kein gelobtes Land, keine Propheten, kein Auserwähltsein, keine heiligen Vernichtungskriege.

Dass der westliche Diskurs in den vergangenen zwanzig Jahren so rasant von der griechisch-römischen zur jüdisch-christlichen Tradition überlief, erklärt sich unseres Erachtens aus der Tatsache, dass dieser Diskurs die Funktionsweise des modernen westlichen Denkens mit den biblischen Archetypen in Einklang brachte, die aller Verweltlichung der diversen Heilsvorstellungen zum Trotz das westliche Denken weiterhin beherrschen. Nationalismus, Kommunismus und Kapitalismus bilden das Wesen all der verschiedenen Gestalten der europäischen Moderne. Hat diese Moderne mit ihren nationalistisch motivierten Kriegen in Europa, ihren Kolonialkriegen und schließlich dem Kalten Krieg das monotheistisch-gewaltträchtige Entwicklungsmodell wirklich hinter sich gelassen? Oder reproduziert sie es vielmehr in unendlich variierter Gestalt, in anderem sprachlichen und begrifflichen Gewand? Schließlich säumen totale Kriege, globale Kriege, Vernichtungskriege, heilige Kriege nach dem Vorbild der alttestamentarischen »herem« nach wie vor ihren Weg. Die demokratisch säkulare Moderne brachte, wir haben es bereits erwähnt, keinerlei entscheidenden Fortschritt mit Blick auf eine Reduzierung der kollektiven Gewalt, die die verschiedenen Gesellschaften einander zufügen, wenn der Dämon der Eroberung, der Macht oder des Glaubensfanatismus sich ihrer bemächtigt.

Die Berufung auf jüdisch-christliche Wurzeln gestattet es auch, die Existenz des Staates Israel, die heilige Stätte der westlichen Kollektivpsychologie, zu legitimieren und den kolonialen Charakter seiner Entstehung wie seiner kontinuierlichen Ausweitung durch den Bau immer neuer Siedlungen zu bestreiten. Sie erlaubt, Laizität und biblischen Archetypus miteinander zu versöhnen, jene ebenso ideologischen wie widersprüchlichen Grundpfeiler, auf denen sich der wie immer »jüdische« oder »hebräische« Staat erhob, eine Staatsgründung, für die sich Europa, später auch die Vereinigten Staaten mit seltener Kontinuität engagierten und die in jedem Augenblick gegen die Ablehnung der Palästinenser und Araber durchgesetzt werden musste.

Darüber hinaus ermöglicht die Wiederentdeckung der jüdisch-christlichen Tradition ein großes Ausgrenzungsmanöver, auf das wir im sechsten Kapitel im Einzelnen eingehen werden. Gegenstand dieser Ausgrenzung ist die dritte monotheistische Religion, der Islam, der Letztgeborene in der Reihe, der sich mit Insistenz auf die biblische Geschichte und das Prophetentum beruft und einen Monotheismus reinsten Wassers darstellt. So verschafft die Neuauflage jener Tradition dem Bruch zwischen Orient und Okzident ohne Zweifel neue Nahrung. Vergeblich hatten Marxismus, Kommunismus und laizistische Drittwelt-Ideologie versucht, den Bruch zu beseitigen, der nach dem Untergang dieser Ideologien wie von selbst und mit neuer Kraft hervortrat. Und genau deshalb avancierte, wie gezeigt, das schlechte Buch von Samuel Huntington über den »Kampf der Kulturen« mit solcher Leichtigkeit zum Kristallisationspunkt eben jener Bruchlinie, und genau deshalb wurde das fürchterliche Pamphlet[107] der italienischen Journalistin Oriana Fallaci gegen den Islam und die Moslems, ein nicht anders als rassistisch zu bezeichnendes Machwerk, in Europa ein noch größerer Verkaufserfolg.

So erweist sich der Sieg der Vereinigten Staaten im Kalten Krieg auch und gerade als Triumph der anglo-amerikanischen Kultur mit ihren protestantisch-alttestamentarischen Wurzeln, ein Sieg, der den Niedergang des Mythos von den griechisch-römischen Wurzeln des Okzidents beschleunigte, den das Europa der Renaissance und der Aufklärung ausgebildet hatte.

Kultureller Staatsstreich

Und dieser kulturelle Staatsstreich kam auf leisen Sohlen. Erneut organisiert der Monotheismus Gewalt und Feindseligkeit. Er erzeugt einen jüdisch-christlichen Westen, dessen Territorium sich dank der Schaffung seiner israelischen Avantgarde spektakulär ausweitet. Ihm gegenüber steht ein moslemischer Osten mit seinen »fünften Kolonnen« im Herzen des Westens, seinen moslemischen Gemeinschaften, die sich als Nährboden des Terrorismus erweisen können.[108] Der 11. September kristallisierte durch die Bilderflut, die er in Gang setzte, auch und gerade diese monotheistisch imaginären Grenzen, die ein weit größeres Gefahrenpotenzial bergen als alle Staatsgrenzen. Seither ist der Krieg zwischen den monotheistischen Imaginärwelten in vollem Gange, und mögen die Redner beider Seiten sich auch noch so vorsichtig ausdrücken, Ausrutscher des einen oder anderen Staats- oder Regierungschefs bleiben unvermeidlich.

Die imaginäre Verankerung in der jüdisch-christlichen Tradition bringt für den Westen, der die tiefe Verwurzelung des Monotheismus in seiner wie immer säkularisierten oder laisierten Psychologie nun endlich einräumt, noch weitere Vorteile. Hier ist zu allererst an die noch vor fünfzig oder hundert Jahren undenkbare Versöhnung von Judentum und Christentum zu denken. Während sich das institutionelle Christentum in prononcierter Absetzung vom Judentum mit seinem ausschließlichen Bezug aufs Alte Testament und seiner Ablehnung des Wortes Christi konstituierte, gehen Altes und Neues Testament im jüdisch-christlichen Imaginarium eine intime Liaison ein. Vor hundert, ja noch vor fünfzig Jahren wäre diese adjektivische Wortverbindung undenkbar gewesen. Heute klingt die Rede von »jüdisch-christlichen Wurzeln« richtig und gilt als normal, natürlich und legitim.[109] Der Gegensatz zwischen »Ariern und Semiten«, den wir im ersten Kapitel erwähnten, hat ausgedient, da das Judentum dem westlichen Erbe inzwischen vollständig integriert ist. Gewiss, der Protestantismus machte in dieser Hinsicht einen ersten Schritt, doch dies brachte keine Annäherung ans Judentum – die Gründerväter des Protestantismus waren in theologischen Fragen nicht weniger »Antisemiten« als die von ihnen bekämpften Katholiken –, sondern bedeutete allein eine Rückkehr zu den Quellen des Alten Testaments.

Die Katholiken ihrerseits beeilten sich, zu den Protestanten aufzuschließen, und taten Buße für die antijüdischen Exzesse der Kirche, ihre mörderische Abqualifizierung der Juden als »deizides« Volk, das den Opfertod ihres Heilands am Kreuz zu verantworten hätte. In einer spektakulären Kehrtwende deutete die katholische Kirche die Vernichtung der europäischen Juden durch die Nazis – deren wie immer widerwärtige Ideologie bar jeder christlich religiösen Bezüge war – zum Sakrifizium, zum Brandopfer, kurz zum »Holocaust« um und dichtete den Juden damit ein neues Schicksal an. Was im östlichen Christentum und in den orthodoxen Kirchen, die nicht vergessen haben, dass sich die Kirche im Gegensatz zum Judentum konstituierte, undenkbar wäre – eben jene ideologische Vermischung jüdischer, katholischer und protestantischer Versatzstücke – realisiert sich nun in der westlichen Kultur und Mentalität und führte die Vorstellung von »jüdisch-christlichen Wurzeln« wie selbstverständlich in den Sprachgebrauch ein, was mit der Weber'schen Sicht der westlichen Religionsgeschichte ja auch durchaus zusammenpasst. So finden sich die laizistische und die religiöse Geschichte des Westens schließlich versöhnt, Altes und Neues Testament erneut vereint, das Judentum nicht mehr ausgegrenzt, sondern in die gemeinsame Geschichte des Westens aufgenommen.

Ebenso unbewusst wie sicher auf den Wegen der christlichen Theologie und ihres Mythos von der Fleischwerdung Gottes wandelnd, wird der Holocaust zur Schaffung des Staates Israel, des Staates der Juden »transsubstantiiert«. Das extreme Leid, das den jüdischen Gemeinden Europas unter dem Nazismus zugefügt wurde, sieht sich zur »wundergleichen« Gründung eines nach jahrhundertelangem Preisgegebenseins endlich Schutz gewährenden Staates hypostasiert, genau so wie Gott in seiner Barmherzigkeit der leidenden Menschheit seinen Sohn auf Erden sandte. Mag das orthodoxe Judentum die begeisterte Rückkehr ins Gelobte Land auch noch so wenig teilen, mag es den Staat Israel auch als gottlosen Staat verurteilen und sich dem Zionismus, der ihn befürwortet, auch widersetzen, der alttestamentarisch fundierte Enthusiasmus der Briten und später der Amerikaner sorgt dafür, dass das »Wunder« der Moderne geschieht. So findet die Verwestlichung dieser alten semitischen Religion schließlich und paradoxerweise einen erfolgreichen Abschluss.[110]

Durch die bedingungslose Unterstützung Israels glaubt sich der Westen auch in Sicherheit vor seinen alten Dämonen des Irrationalismus, vor dem christlichen Antisemitismus, der die Juden zum Hindernis auf dem Heilsweg der Menschheit erklärt und in ihnen den unwiderlegbaren Beweis der »Widernatürlichkeit« gewisser Menschen erblickt, die sich der frohen Botschaft verweigern. Diese Menschen identifiziert der Westen inzwischen nicht mehr mit den Juden, die die Irrationalität des Westens zu Unrecht haben büßen müssen. Die Holocaust-Kultur verfolgt den Zweck, diese Irrationalität auszutreiben und zu zeigen, dass der Westen geheilt ist. Der »Andere«, der in seiner Andersheit als das von Grund auf Differente, Fremde, Exotische, Unfassbare gilt, wird nicht mehr in den Nachkommen der Christus sich Verweigernden verortet, als der Andere figuriert fortan der Anhänger Mohammeds, der Antichrist Dantes und Voltaires. Er ist es, der nunmehr das Irrationale verkörpert, dem Westen den Gehorsam verweigert und ihm also ein Ärgernis ist.

Objekt dieser Ausgrenzung ist mithin die dritte monotheistische Religion, der Islam (siehe auch das folgende Kapitel). Jean Lambert schreibt hierzu: »Im 20. Jahrhundert versteht es sich von selbst, dass das Christentum dem Islam kein Amt zuerkennen kann, weil der Platz des Monotheismus und der Rationalität bereits besetzt ist. So flottiert der Islam erratisch als ein archaisierender und remythologisierter Monotheismus, als Verfallsform des Judentums und unterbrochene Rationalität, unfähig, seiner modernen laizistischen Form Bestand zu verleihen. Man erwartet von ihm, dass er sich von seiner religiösen Archaik löst, um »wie das Judentum« zur Integration in den regionalen Zusammenhang des Mittelmeerraums fähig zu werden. Und man behauptet, er lasse im Unterschied zur jüdisch-christlichen Tradition jedes kritische Verhältnis zu seinem Gründungstext vermissen.«[111]

Die Diskurse der kulturellen Moderne sind, wie gesagt, noch immer stark geprägt vom biblischen Diskurs über die Stämme und Volksstämme. Die Hebräer, ein Stamm unter anderen, avancieren via monotheistische Offenbarung zum Volk, die Christen, eine Glaubensgemeinschaft unter anderen, via die Kirche Christi zu einer Gemeinde, die höher steht als die anderen Völker und Stämme. Inklusion, Exklusion: So funktioniert auch heute noch die moderne westliche Kultur, die es zu keiner Zeit verstand, ihre anthropologischen Begriffe – Semiten/Arier, Stamm/Ethnie/Volk/Nation/Religion, Gesellschaft/Gemeinschaft, Sprache/Kultur/Zivilisation/Rasse – hinreichend zu präzisieren. Wie soll man die Menschheit klassifizieren, welches Kriterium bietet sich an, mit welchen Kategorien lässt sich die Vielgestaltigkeit der Welt am besten fassen?

Tausende und Abertausende von Untersuchungen konnten nichts daran ändern, dass es dem modernen Denken noch immer an Klarheit und Deutlichkeit gebricht. So wird das Judentum ungeachtet seiner jahrhundertelangen Einbindung in die unterschiedlichsten Kulturen als etwas einer Nation Vergleichbares betrachtet, das zur Schaffung eines Staates berechtigt, dessen Bevölkerung mehrheitlich außerhalb des nationalen (religiösen?) Territoriums lebt. Der Islam hingegen, dem über eine Milliarde Menschen anhängen, gilt trotz der ungeheuren Vielfalt der Sprachen und Kulturen, in denen er zuhause ist, als eine »Totalität« und kompakt undifferenzierte Masse, deren einziges Strukturmerkmal im religiösen Dogma bestehe, das zugleich als politisches und moralisches Dogma Gültigkeit beanspruche.

In der Tat, sobald die westliche Kultur Monotheismus schnuppert, gerät sie außer Rand und Band und bekommt ihre laizistische Orientierung gefährliche Risse. Gottfern, der Westen? Entzaubert und ernüchtert? Als selbstverständlich kann dies jedenfalls immer weniger gelten. Gewiss, die äußeren Formen frommen Verhaltens befinden sich im Niedergang, sind nur mehr als Randerscheinungen wahrnehmbar und zeigen sich durch andere, scheinbar profanere Rituale ersetzt.[112] Fraglich bleibt jedoch, ob das monotheistisch religiöse Wesen die Sicht- und Denkweise des Westens je verlassen hat? Hat sich der Westen um seine Genealogie als rationalistisch-individualistischer Zivilisation nicht eine ganze Mythologie gestrickt, die ihn mit Blick auf die Geschichte der Menschheit als »Ausnahme« erweisen soll und ihm gestern wie heute die Möglichkeit eröffnet, den Islam wie seinerzeit das Judentum auszugrenzen und zum Paria der Religionsgeschichte zu stempeln?

Zum Abschluss dieses Kapitels möchten wir Youakim Mubarak das Wort erteilen. Der vor einiger Zeit verstorbene Priester und Theologe genoss in Frankreich und im Libanon großes Ansehen wegen seiner Arbeiten über die Beziehungen zwischen Islam und Christentum. Die »abrahamische« Perspektive seiner Überlegungen übernahm er von dem bekannten Orientalisten Louis Massignon, als dessen Schüler und inspirierter Kommentator Mubarak sich einen Namen machte. Er schrieb: »Die hier Anwesenden wissen, dass ich die heilsgeschichtliche Theologie grundsätzlich in Zweifel ziehe. Ich habe dreißig Jahre meines Lebens damit zugebracht, sie – ich würde sagen – inakzeptabel zu machen. Indem ich sagte, dass diese so genannt jüdisch-christliche Heilsgeschichte nicht ausschließlich und nicht ausschließend ist und zumindest den Islam mitumfassen sollte. Dreißig Jahre lang also haben wir Abrahamismus betrieben; ich muss sagen – ohne zu verbrennen, was mir lieb war –, dass ich dieses Schema ganz und gar zweideutig finde.

Selbst auf den Islam ausgeweitet ist das heilsgeschichtliche Schema aus folgenden Gründen unhaltbar. Zunächst einmal aus praktischen Gründen: Ich stelle fest, dass dieses Schema von Anbeginn und bis zum heutigen Tag nichts als namenlose Konflikte nährte, und dieser Umstand verdient Reflexion. Das ist keine theologische Geschichte, sondern eine Geschichte brudermörderischer Kämpfe, eine Geschichte gravierendster Ungerechtigkeit. Ich sage, meine Worte wohl erwägend: Das Heilsverständnis selbst hat all diese Konflikte geschürt. Die heilsgeschichtliche Weltsicht steht am Ursprung des Kolonialismus. Ich habe eine Geschichte, du hast keine, ich werde dich da hineinbringen. Hier ist die heilsgeschichtliche Theologie. Ich besitze die Wahrheit, du nicht; du bist im Irrtum. Ich werde sie dir beibringen.«[113]

6. Der Islam als neuer Paria des Monotheismus

Das Islambild des Westens und seine Funktionen

Nichts an der heutigen Kultur des Westens ist so beunruhigend wie seine Wahrnehmung des Islam. Der Westen, der die Fabrikation der Bilder beherrscht, entscheidet sich zur Herstellung derer, die seine Weltsicht legitimieren und führt den Islam als alleinheitliche Totalität und undifferenziert soziales Faktum, als Weltliches und Geistliches vermengendes Phänomen, als ein irrationales, irreduzibel gewaltträchtiges Etwas vor.[114]

Die allerwenigsten der moslemischen Intellektuellen, die sich in den letzten Jahren in rationalistisch moderner Perspektive mit dem Koran und der moslemischen Prophezeiung auseinandersetzten, kamen im Westen zu akademischen Ehren. Und an solchen Intellektuellen mangelt es wahrhaftig nicht. Ihre ebenso zahlreichen wie stimulierenden Arbeiten greifen auf die Ergebnisse der modernen Linguistik zurück, sie stellen den Koran in den Zusammenhang seiner Zeit und dekodieren und dekonstruieren die islamische Rechtssprechung und Koranexegese im Kontext der jeweiligen Fraktions- und Machtkämpfe.

Der Westen nahm diese Autoren, die zum Teil ermordet oder verbannt wurden, freilich kaum wahr.[115] Während ihre Werke in der arabischen Welt vielfach großes Ansehen genießen und sich zu Zehntausenden verkauften, gibt es praktisch keine Übersetzungen und finden sie in der überreichlichen Islam-Literatur des Westens so gut wie nie Erwähnung.[116] Als Beispiel sei der in Damaskus lebende Intellektuelle Muhammad Shahrur genannt. Seine völlig neuartige, revolutionäre

Lektüre sucht den Koran mit den Mitteln der modernen Linguistik zu entschlüsseln und analysiert, was die im Koran verwendeten Worte und Begriffe in der Zeit des Propheten bedeuteten, nicht welchen Sinn wir ihnen heute geben.[117] Shahrurs Werk ist ein Appell für ein erneuertes Verständnis des Korantextes, ein Aufruf, ihn aus versteinert kleinmütiger Exegese zu befreien. Doch die europäische und amerikanische Islamforschung nahm von Shahrur ungeachtet des Erfolgs, der ihm in der arabischen Welt beschieden war, so gut wie keine Notiz.

Vielmehr versteifte sie sich auf die ausgetretenen Pfade der aus dem 19. Jahrhundert überkommenen Ethnologie und beschränkte sich in der Hauptsache darauf, noch das kleinste Grüppchen des neueren Islamismus minutiös zu katalogisieren. Wir haben diese Sorte von Islamwissenschaft, die sich allein für die politisch aktiven islamischen Bewegungen interessiert, bereits weiter oben kennen gelernt (siehe Kapitel 4). Wir haben gesehen, wie sie durch Absehen vom geopolitischen Kontext die »islamische« Wirklichkeit in offenkundig verkürzter Manier vorstellt. So bleibt zum Beispiel meist unberücksichtigt, wie sehr die Entwicklung des religiösen Integrismus durch dessen Beziehungen zum höchst einflussreichen Wahhabismus, aber auch durch die Schaffung des Staates Israel und dessen wiederholte militärische Siege über die arabischen Streitkräfte bedingt ist.

Erst nach den Attentaten vom 11. September 2001 entdeckte die große internationale Presse, dass das soziale und politische Leben in Saudi-Arabien und Pakistan in vieler Hinsicht vom islamischen Integrismus geprägt ist und dass beide Länder Beziehungen zu den Taliban und Osama Bin Ladens Al-Qaida unterhalten. Bis dahin fand dieser Sachverhalt kaum Erwähnung, da Saudi-Arabien wie Pakistan als treue Verbündete der Vereinigten Staaten galten und sich im Kampf gegen die Sowjetunion als besonders aktive und hingebungsvolle Partner erwiesen hatten. Aus diesem Grund wurden beide Staaten vielfach als pro-westlich »gemäßigte« Länder des Islam dargestellt.[118]

Warum konzentrierten sich die in Forschung und Medien tonangebenden Islamanalysen in den vergangenen fünfzig Jahren vorwiegend auf die fundamentalistischen Bewegungen? Warum ließen sie dabei jede geopolitische Kontextualisierung vermissen, und warum ignorierten sie die sehr lebendige kritisch-liberale Strömung des Islam? Dabei knüpft Letztere doch an den rationalistischen Islam des 11. und 12. Jahrhunderts und an die Renaissance der arabischen Kultur an, die nach Bonapartes Ägypten-Expedition anhob, im 20. Jahrhundert ihre Fortsetzung fand und in intellektueller Verbundenheit mit der Philosophie der Aufklärung den antikolonialen Kampf beflügelte. Warum reduziert sich das westliche Islambild seit Ende der sechziger Jahre auf den Schleier der Frauen, auf »Säbel und Turban«[119], auf den islamischen Dschihad und die Bärte der Mullahs? Ein ganzes Bündel von Faktoren trug dazu bei, dass der islamische Fundamentalismus in allen Gesellschaften mit moslemischen Gemeinschaften in beispielloser Weise instrumentalisiert wurde. Eine Mobilisierung, die offenbar durch nichts mehr aufzuhalten ist, wie die Ereignisse im Gefolge des 11. September nahezulegen scheinen.

Der westliche Orient-Diskurs hat, wie wir bereits sahen, zunächst ein enormes epistemologisches Missverständnis hervorgebracht, eben den imaginären Bruch zwischen Orient und Okzident: Nachdem der Westen die Verbindung zur verzauberten Welt der Patriarchen und Propheten gekappt hatte, wurde nunmehr der Orient symbolisch beauftragt, Archaik und Spiritualität zu verkörpern. Als sein Epizentrum galt fortan der Islam, als wäre nicht auch das Christentum im Osten entstanden und als hätten dort nicht bedeutende christliche Gemeinden die Jahrhunderte überdauert (in Ägypten die Kopten, im Libanon, in Syrien und in Palästina die Maroniten, Griechisch-Orthodoxen und Katholiken, in Syrien, im Iran und im Libanon die Armenier). Und wie um den Bruch zwischen Orient und Okzident zu befestigen, dekretierte die westliche Kultur, sie allein habe im Gegensatz zum Osten die Glanzleistung vollbracht, Weltliches und Geistliches zu trennen und den Weg der Vernunft und des selbstbestimmten Individuums beschritten.

Dem Islam hingegen, den von den anderen beiden monotheistischen Religionen eine wesensbedingte Differenz trenne, könne diese ach so komplizierte Übung nicht gelingen. Ihm bleibe diese grundlegende Trennung, die als Schlüssel zur Moderne firmiert, auf immer verwehrt. Gerade dies, dass er in religiöser Archaik befangen sei, mache ja seinen Zauber aus, verurteile ihn aber im selben Atemzug zu ewiger Kindheit, setze ihn außerstande, die Schaffensdynamik des Westens zu übernehmen. Das Bild dieses epistemologischen Bruchs nahm mit der Zeit nachgerade unwiderstehliche Züge an. Es prägte das Gros der Forschungsarbeiten, Diskurse und Vorstellungen, die sich mit dem infernalischen Paar Orient-Okzident beschäftigten. Wen interessiert es, dass dieses allzu tadellos binäre Bild mit der historischen Realität wenig zu tun hat und überdies das biblische Auserwähltheitsschema in wie immer säkularisierter Form ebenso perfekt wie unbewusst reproduziert. Allzu sehr befriedigt es das narzisstische Bedürfnis des Westens, sich seiner eigenen Überlegenheit zu versichern, wo Europa doch jahrhundertelang im Schatten der rigiden Dogmen der katholischen Kirche verbrachte, die lange Nacht des Mittelalters durchlebte, während der Orient im Licht von Zivilisation und Wissen erstrahlte.

Verwiesen sei in diesem Zusammenhang auf die brillanten Ausführungen Jack Goodys, der sehr schön zeigt, dass von Diskontinuitäten in der Entwicklung von Orient und Okzident nicht die Rede sein kann, sobald der Historiker die lange Dauer ins Auge fasst und die Pendelbewegung des Fortschritts in der Entwicklung von Orient und Okzident in den Blick bekommt. Der Honorarprofessor an der Universität Cambridge schreibt: »Überdenken sollten wir die Vorstellung, der Osten habe es nur wegen solcher allgemeiner Gründe – etwa das Fehlen des richtigen Rationalitäts- oder Familientypus – nicht schaffen können. Jede Antwort muss die zeitliche Gebundenheit des komparativen Vorteils berücksichtigen, auch wenn die Humanisten fest davon überzeugt sind, Letzterer gehe auf Griechenland und Rom oder das uranfängliche Stammesdasein zurück.«[120]

Man sieht hier, auf welch wackligen Beinen die Annahme steht, der Monotheismus habe für die Herausbildung des autonomen Individuums und der Überlegenheit des Westens eine Schlüsselrolle gespielt oder sei, wie Marcel Gauchet meint, als »Religion des Auszugs aus der Religion« zu verstehen (siehe Kapitel 3). Welche Bedeutung kommt dem Monotheismus zu, wenn die Drittgeborene dieser Religionen, die ebenso viele Anhänger zählt wie das Christentum und sich frank und frei zu ihrer jüdischen und christlichen Abstammung bekennt[121], aus der Analyse einfach ausgeschlossen wird? Anstatt über die unterschiedlichen Entwicklungswege der drei Monotheismen und deren Bedeutung nachzudenken, webten die Humanwissenschaften und die Geschichtsphilosophie an den sehr gelehrten »Märchen« von Weber und Durkheim, mit dem Ziel, den Kreis der westlichen Kultur allem Universalitätsanspruch zum Trotz nach außen hin abzugrenzen.

Klar ist jedenfalls, dass die »Ausnahme«, die der Westen mit Blick auf die wirtschaftliche Entwicklung bildet, nicht im Geringsten der Religion, erst recht nicht dem Monotheismus geschuldet ist. Die islamischen Gesellschaften, die dem Monotheismus seit 1400 Jahren huldigen, gerieten nicht in den Sog von Puritanismus und Weltentzauberung, die den großen Traditionen der westlichen Soziologie und Anthropologie zufolge den modernen Westen in seiner Macht begründeten.

Indes sind die an die separate Entwicklung des Westens sich knüpfenden Vorstellungen nicht unbedingt und ihrem Wesen nach von Feindseligkeit dem Anderen gegenüber geprägt, sondern entspringen zunächst einmal dem Bedürfnis nach psychologischer Sicherheit und Bequemlichkeit. Zwar gestattet das Bild vom westlichen Sonderweg den von der europäischen Renaissance hervorgebrachten Welteroberern, den östlichen Part des Binoms Orient-Okzident in Negativfarben zu malen und so ihr kolonialistisches Beginnen zu rechtfertigen. Nicht ausgemacht ist jedoch, ob diejenigen, die den Ost-West-Bruch ursprünglich in die Welt projizierten, die beiden als different angenommenen Weltenteile als einander wesentlich feindlich gesinnt imaginierten.

Eine Kritik des Orient-Diskurses der westlichen Orientalistik, die ausschließlich von dieser Annahme ausginge, liefe Gefahr zu verfehlen, was ihr eigentliches Ziel sein sollte: eine Dekonstruktion des Mythos vom Bruch zwischen Orient und Okzident, mit dem Ziel, die Feindseligkeit nicht zu schüren, sondern sie vielmehr abzubauen, ihre

Haltlosigkeit zu zeigen, ihr verhängnisvolles Wirken im kollektiv Unbewussten beider Seiten, das sich allem Fortschritt der Säkularisierung zum Trotz aus biblischen Archetypen speist. Genau diese Stoßrichtung fehlte wohl auch den mitunter brillanten Analysen, die den »kolonialistischen« und »totalitären« Charakter des westlichen Orient-Diskurses aufzuzeigen suchten, wie etwa Edward Said in seiner bekannten Untersuchung über die westliche Orientalistik.[122]

Die Herabwürdigung des jeweils Anderen – des Orients durch den Okzident und umgekehrt – trägt zum Fortschritt von Erkenntnis und Rationalität kaum etwas bei. Denn wie wir gesehen haben, bestätigen die Hauptströmungen des islamischen Orient-Diskurses – jedenfalls diejenigen, die der Westen der Öffentlichkeit zugänglich macht – eben jenen angeblichen Bruch zwischen Orient und Okzident. Ja, rufen die orientalischen Moslems, denen der Westen gern Gehör schenkt, wir sind die Welt der Spiritualität und des allmächtigen Glaubens an Gott. Unser Koran, das transzendent ahistorische Wort Gottes, erlaubt es uns nicht, Weltliches und Geistliches zu trennen, wie ihr im Westen es tut, ihr, die ihr den Menschen erniedrigt, indem ihr ihn von Gott trennt. Mehr noch, eure Laizität, mit der ihr uns in den Ohren liegt, ist nichts als ein jüdisch-christliches Komplott, um uns zu vernichten und die Bande zu lösen, die uns seit jeher im Glauben an Gott vereinen, wo und wann wir auch immer gelebt haben und leben. Weil eure Kreuzzüge einst scheiterten, wollt ihr euch rächen, indem ihr den Staat Israel unterstützt, Menschenrechte, Laizität und Frauenbefreiung predigt, mit einem Wort: indem ihr die Grundlagen unserer Gesellschaftsordnung bedroht.

Die Antworten des entwurzelten Islam

Der moslemische Orient antwortet dem Westen mit Pathos. Er bestätigt, was Letzterer ihm vorhält, gibt ihm auf der ganzen Linie recht, bestätigt seine Überzeugungen, seinen Narzissmus und also auch seine zersetzende Macht. Kein Wunder, dass sich eine Flut von Abhandlungen, Untersuchungen und Forschungsarbeiten mit dieser

Art von Islam beschäftigt, der in all seiner Entwurzelung und Armseligkeit auch in den meisten moslemischen Gesellschaften eine Randerscheinung ist, es nur im Kalten Krieg nicht war, als der Westen ihn instrumentalisierte, um das kommunistische Ungeheuer niederzuringen, das er, der Westen, kraft seiner inneren Widersprüche höchstselbst gebar.

Dieser Islam ist entwurzelt und »verwestlicht«, zerfressen von derselben heilsgeschichtlichen Theologie, demselben Auserwähltseinsglauben, der allzu oft auch die westliche Kultur durchwaltet, von dem sich der Islam aber in seiner Glanzzeit im Allgemeinen befreit hatte. Der heutige Islam dagegen, zumindest die fundamentalistischen Strömungen, die der Kalte Krieg triumphieren ließ – dieser Islam ist von seinen Wurzeln abgeschnitten. Das Drama ist, dass er diese Realität nicht anerkennen will. Er will nicht wahrhaben, dass die großartige moslemische Zivilisation – das Reich der Umayyaden, Abbasiden und frühen Osmanen, die Verlängerung der iranischen Kultur im indischen Mogul-Reich – tot ist. Und zwar nicht weniger tot als das antike Griechenland. Die Größe dieser Zivilisation bestand ja gerade in ihrer Formbarkeit und Durchlässigkeit für all die kulturellen und wissenschaftlichen Einflüsse, die die arabischen Eroberer aus der Wüste von ihren Feldzügen mitbrachten, persische Einflüsse, altgriechische und byzantinische Einflüsse, syrische und aramäische Einflüsse, später auch indische Einflüsse: Das Genie der moslemischen Kultur, ihr Geist, bestand in eben dieser beispiellosen Synthese.

Entgegen der landläufigen Meinung hat der klassische Islam die Wissenschaften, insbesondere die Astronomie, die Mathematik und die Medizin, nicht nur akzeptiert, sondern auch gefördert. Eine Fülle von philosophisch-religiösen und Rechtsschulen standen in Blüte. Juden und Christen wurden zu den Höfen der Kalifen und Sultane zugelassen, um theologische Streitgespräche zwischen Moslems und Nichtmoslems zu veranstalten. Man übersetzte die großen Texte der griechischen Philosophen und führte die indische Literatur ins arabische Schrifttum ein. Das Arabische avancierte zur Kultursprache, die auch von den Iranern, den Erben einer ruhmreichen Zivilisation, sowie den syrischen Kirchen im Libanon übernommen wurde. Das »andalusische Wunder« ist im Westen bekannt, weniger hingegen der orientalische Pluralismus im östlichen Mittelmeerraum, den der Islam nicht abgeschafft, sondern bewahrt hat, oder die kulturelle Vielfalt, die der Islam im Zuge seiner Ausdehnung auf Indien, Indonesien und Malaysia hervorbrachte, wo er sich mit dem Heidentum nicht hätte arrangieren sollen. Wie ist dieser Pluralismus, der so gar nicht zur derzeitigen Sicht der moslemischen religiösen Ideologie passt, zu erklären?

Vor allem zwei Gründe sind hier zu nennen. Zum einen hielt sich der Prophet gewissenhaft an die biblische Geschichte: Die Moslems sind Söhne Abrahams und erkennen die gesamte Abstammungslinie der Propheten seit Abraham bis hin zu Jesus an, der im Koran einen ebenso bevorzugten Platz einnimmt wie die Jungfrau Maria, die einzige Frauengestalt, die das heilige Buch wertschätzt (und die bei den Moslems als große Heilige verehrt wird). Der Islam des Mohamed bedeutet keinen Bruch, sondern im Gegenteil Kontinuität, Vervollkommnung und Entfaltung des Monotheismus, den die Juden und Christen nach islamischem Dafürhalten nicht immer respektiert haben. Jerusalem ist die zweitwichtigste heilige Stätte der Moslems. Die Beschneidung der Männer und das Schweinefleischverbot, zentrale Bestandteile der moslemischen Identität, wurden von den Juden übernommen. Der Koran gilt als abermalige Offenbarung Gottes, die die vorangegangenen vervollständigt, vervollkommnet und abschließt.[123]

Gott wählt auch im Islam »sein« Volk. Der Koran ist in arabischer Sprache offenbart, und die Araber sind die Gemeinschaft der »rechten Mitte«, denn Gott mag in Sachen Religion keine Exzesse, auch keinen Zwang. Juden, Christen und Moslems gelten als »Leute der Schrift«, sie können zusammenleben, miteinander verkehren und Handel treiben; für den Islam gibt es unter den Söhnen Abrahams, die alle zur selben monotheistischen Familie gehören, keine Unreinheit. Ausgrenzung bleibt den Polytheisten vorbehalten, den götzendienerischen Heiden, die den einen Gott nicht anerkennen wollen. Nichts anderes als diese monotheistische Konzeption hat dem andalusischen und dem abbasidischen Wunder den Weg geebnet, späterhin dem Mogul-Reich, in dem Moslems und heidnische Hindus dank einer innovativen Jurisprudenz koexistierten, die auch die Integration der zoroastrischen Iraner ins moslemische Gemeinwesen ermöglichte. Wie das Christentum lehnt der klassische Islam tribale und ethnische Exklusivbindungen ab. Gewiss, die Offenbarung geschah in arabischer Sprache, die arabischen Stämme waren das Werkzeug Gottes, doch innerhalb der Gemeinde der Gläubigen kann es dem Koran zufolge keine Unterscheidung zwischen Arabern und Nichtarabern geben. Die Menschen werden »gleich wie die Zähne eines Kamms« geboren, heißt es in einem Hadith.

Im Alltag gestaltete sich das Zusammenleben von Moslems, Juden und Christen natürlich nicht so einfach. Im Gegenzug zu freier Religionsausübung mussten Juden und Christen eine Kopfsteuer entrichten, die *dimma*. Verfehlt wäre es freilich – und dieser Fehler unterläuft den meisten Essayisten, die über den Islam schreiben –, verfehlt wäre es, diese den Nichtmoslems in den vormodernen moslemischen Gesellschaften auferlegte Steuer an der Elle der laizistischen Bürgerrechte von heute zu messen.[124] Als Vergleichsmaßstab bietet sich vielmehr das Los an, das die Juden, so sie siegten, in der Bibel ihren Feinden zudachten, oder das Los, das den Juden in den christlichen Königund Kaiserreichen Europas vorbehalten war. Kein Zweifel, dass der Vergleich zugunsten der moslemischen Gesellschaften ausfällt, auch wenn den Juden und Christen in Zeiten von Unruhen und kriegerischen Invasionen bisweilen übel mitgespielt wurde. Aber es gab weder Massaker noch Völkermord noch Ausgrenzung in hermetisch abgeriegelte Gettos, es war ihnen weder verboten Grundeigentum zu erwerben, noch untersagt mit Moslems Handel zu treiben. Im Übrigen wurde die Kopfsteuer Mitte des 19. Jahrhunderts abgeschafft, was von der beginnenden Verwestlichung der islamischen Traditionen zeugt.

Denn die Verwestlichung der moslemischen Gesellschaften – und dies ist ein ganz wesentlicher Punkt – hatte durchaus widersprüchliche, teils fruchtbare, teils pervertierende Folgewirkungen. Auf der einen Seite eigneten sich vor allem die aufgeklärten Eliten in der arabischen Welt die positivsten Aspekte des Erbes der Aufklärung an, mit dem Ziel, die moslemische Tradition von Grund auf zu erneuern – ein Beginnen, das unglücklicherweise fehlschlug (wir kommen darauf noch zurück). Auf der anderen Seite leistete die Verwestlichung der moslemischen Gesellschaften paradoxerweise gefährlichem Sektierertum Vorschub. Besonders deutlich zeigt sich dies auf dem indischen Subkontinent, wo die britische Kolonialverwaltung dic böse Saat ausbrachte. Pakistan, der Staat der »Reinen«, das heißt der moslemischen Inder, wurde 1947 im Jahr der indischen Unabhängigkeit unter selten gewaltsamen Bedingungen gegründet – übrigens fast zeitgleich mit der Schaffung des Staates Israel, der die Juden und Araber in Palästina trennt. 1970, als die Bengalis sich lossagten, zerfiel Pakistan seinerseits in zwei Separatstaaten – ein deutliches Zeichen, dass ethnische oder nationale Zugehörigkeit in der Moderne stärkere Bande stiften als alle religiöse Transzendenz.

Der Islam als laizistische Religion!

Der zweite Grund, weshalb der Pluralismus in der klassischen islamischen Gesellschaft akzeptiert war, ist darin zu sehen, dass der Islam keinen Klerus, keine Priester, keine institutionalisierte Kirche kennt. Der Kalif als Herrscher über die Gläubigen ändert die dogmatische Orientierung und Rechtsprechung je nach Opportunität. Die vielschichtige, gequälte Theologie des Christentums ist dem Islam genauso fremd wie dem Judentum. Seine Lehrsätze sind sehr einfach. Alles Weitere bleibt der persönlichen Ausdeutung überlassen, dem geistigen Bemühen, dem *jihad,* ein Ausdruck der sich vom *Djihad* herleitet, was unter anderem auch »Krieg« bedeutet. Die für die europäische Moderne so kennzeichnende Trennung von Weltlichem und Geistlichem ist im klassischen Islam eine sinnlose Vorstellung, weil es in den damaligen Gesellschaften keine von der politischen Macht unabhängige geistliche Institution gab. Richter *(cadis)* und Rechtsgelehrte *(mufti)* äußerten sich weitgehend nur zu nichtpolitischen Fragen, da niemand es riskieren durfte, den Unwillen des Kalifen oder des Sultans auf sich zu ziehen.

In der islamischen Gesellschaft der klassischen Zeit entbehrte die Logik der Laizität katholischer Herkunft ebenso wie die der Säkularisierung protestantischer Provenienz jeglicher Grundlage. Das Problem stellte sich einfach nicht, denn so gewiss die Macht ihre Legitimation religiös zu fundieren und also in ununterbrochener Linie von der idealen Gesellschaft des Propheten und der ersten vier »rechtschaffenen Kalifen« herzuleiten suchte, so gewiss konnte sie mangels einer religiösen Machtinstitution nur ziviler Art sein. Die Macht der Kalifen war nicht sakralen Ursprungs, nicht von Gottes Gnaden; die Kalifen maßten sich in keiner Weise und in keiner Frage irgendeine Unfehlbarkeit an. Immer wieder sahen sie ihre Herrschaft in Frage gestellt, wurden ermordet oder aus dem Amt gejagt, sodass keine Dynastie lange Zeit überlebte. Sogar von den vier rechtschaffenen Kalifen starben drei eines gewaltsamen Todes. Das große Schisma zwischen Sunniten und Schiiten keimte in der Familie des Propheten selbst und blieb bis zum heutigen Tag virulent. Die Schiiten verloren im Übrigen allen Einfluss und zogen sich auf eine »quietistische« Position zurück, als die Türken in allen islamischen Gesellschaften die Macht eroberten und die Sunna vielfach mit Gewalt durchsetzten.

Von einigen recht kurzen Perioden abgesehen fand die islamische Gesellschaft also weder zu Kontinuität und Stabilität noch zu institutioneller Entwicklung und Fortschritt. Die ethnische Orientierung, die Ibn Khaldun im Assabiyya-Konzept (gemeinsame Abstammung) formulierte, verlieh den arabischen Fürstentümern und Königreichen, die sich auf den Trümmern ebenso glanzvoller wie kurzlebiger Reiche erhoben, nur kurzzeitig Bestand. Überall wurde ihnen die Macht entrissen, mal von den Berbern, dann von den Türken oder den Iranern. Auch Andalusien ging auf diese Weise verloren. Nur das Mogul- und das Osmanische Reich konnten sich – möglicherweise dank einer kulturellen Ökumene – über längere Zeit halten, bevor sie dem Ansturm des Westens und dessen neuen Ideen erlagen.

Es war die »Verwestlichung« des Iran und des Irak, die im 19. Jahrhundert den seit Jahrhunderten quietistisch gestimmten Schiismus politisch mobilisierte und in der Folgezeit die »explosive« Neuheit einer islamischen Republik produzierte, in der sich das religiöse Personal in Gestalt des Wilayat-e Faqih (Herrschaft der anerkannten Gottesgelehrten) zum Zensor der Staatsführung aufschwang, etwas in der schiitischen Tradition völlig Neues. Auch die Schaffung einer »Partei Gottes« (Hizbollah) verträgt sich in Wahrheit schlecht mit der traditionellen schiitischen Lehre vom »verborgenen Imam«. Der saudische Wahhabismus ist ebenfalls ein Produkt der Moderne und wurde von den Hauptströmungen des Sunnismus, der eine solch rigorose Auslegung des Koran ablehnt, lange Zeit bekämpft. Erst der Ölreichtum des Landes und die Allianz mit den Vereinigten Staaten schufen die Grundlage für den Export des Wahhabismus in alle islamischen Gesellschaften. Heute, nach dem 11. September, will das politisch-religiöse Regime Saudi-Arabiens nicht mehr so recht in die veränderte geopolitische Weltlage passen. Erstmals seit seiner Gründung stößt das saudische Königreich in der westlichen Presse auf offene Kritik.

Nichts anderes also als die Verwestlichung der politischen Regime in den moslemischen Gesellschaften löste die eigentlich am Thema vorbeizielende Debatte über das Verhältnis von Weltlichem und Geistlichem aus und verlieh ihr jene leidenschaftliche Wendung. Die politische Ordnung der moslemischen Gesellschaften musste sich zwangsläufig modernisieren, europäisieren beziehungsweise verwestlichen. Die Ulema, die moslemischen Rechtsgelehrten, stellten im Zuge dieser Entwicklung fest, welchen Einfluss die westlichen Kirchen und ihre »Kirchenmänner« in Europa besitzen. Die lokalen Herrscher wiederum suchten das Rechtsgelehrtentum in institutionelle Bahnen zu lenken und für ihre eigenen Zwecke zu funktionalisieren. Vor allem aber suchten sie die Ulema im Zaum zu halten, als der westliche Kolonialismus sie für die eigenen reaktionären Zwecke einspannte und gegen Reformversuche in Stellung brachte, die letztendlich in die Forderung nach Unabhängigkeit mündeten.

Schwache Herrscher drängten die Ulema mitunter zu fremdenfeindlichen und extremistischen Stellungnahmen gegen die westlichen Mächte, gegen ihre Dominanz und politischen Machenschaften. Sie instrumentalisierten sie in innenpolitischen Auseinandersetzungen, im

Kampf gegen Forderungen nach mehr Demokratie nach europäischem Vorbild. Auch in Konflikten zwischen moslemischen Ländern leisteten die Ulema vortreffliche Dienste, wenn sich dieser oder jener Herrscher berufen fühlte, die Einheit der Moslems wiederherzustellen und die Nachfolge des 1924 abgeschafften osmanischen Kalifats anzutreten.[125] Kurzum, mit der Modernisierung entdeckte der moslemische Orient die Vorzüge einer Institutionalisierung der Religion, ihre Entwicklung zum politischen Faktor.

Er begann das Pendelspiel zwischen Politischem und Mystischem zu verstehen. Fortan ließ sich in der Religion ebenso gut Karriere machen wie in der Politik oder der Armee. Gegenüber der klassisch islamischen Gesellschaft der kosmopolitisch offenen Eroberer, die sich wenig um die Fortentwicklung der religiösen Lehre oder den gesellschaftlichen Status der Gottesmänner kümmerte, stellt dies einen radikalen Bruch dar. Nie kam es einem Kadi (Richter) oder 'Alim (Rechtsgelehrter) in den Sinn, sich der weltlichen Macht zu widersetzen, sie gar zu kontrollieren oder in eigene Regie zu nehmen. Äußerstenfalls suchten sie Exzesse zu verhindern, die Bedeutung von Gerechtigkeit und Barmherzigkeit ins Gedächtnis zu rufen oder, wenn der Herrscher in seinem religiösen Eifer nachließ, ihn auf den rechten Weg zurückzubringen und vor dem übermäßigen Einfluss von Nichtmoslems in seiner Umgebung zu warnen.

Sogar die begriffliche Unterscheidung zwischen Weltlichem und Geistlichem war in den Kalifaten und Sultanaten der klassischen Zeit unbekannt. Das Nebeneinander und das Verhältnis dessen, was wir mit diesen Begriffen heute bezeichnen, war ganz einfach deshalb kein Problem, weil das zivilgesellschaftliche Personal, in dessen Händen die Staatsmacht lag, politische Zwecke verfolgte: Es organisierte den ethnischen und religiösen Pluralismus, griff mäßigend ein, wenn die verschiedenen Koran-Auslegungen oder Rechtsschulen allzu heftig aufeinanderprallten, und suchte im Rahmen des Möglichen den Sezessionsbestrebungen dieser oder jener Provinz entgegenzuwirken.

Denn die islamische Gesellschaft der klassischen Zeit wurde durchaus von religiösen Konflikten erschüttert. Mitunter trugen die verschiedenen philosophischen Richtungen und Rechtsschulen ihre Streitigkeiten im handgreiflichen Gefecht und bewaffneten Kampf aus. Vor allem unter der Abbasiden-Dynastie kam es zu äußerst gewaltsamen Zusammenstößen zwischen Konservativen, die die kritisch-historische Lektüre des Koran und der »Mitteilungen«[126] des Propheten ablehnten, und den Mutasiliten, einer philosophisch-religiösen Schule, die einer rationalistischen Weltsicht zum Durchbruch zu verhelfen suchte und den Koran nicht mehr als gottgegebene metaphysische Wahrheit, sondern als historische Tatsache auffasste.

Nichts also ist weiter von der historischen Wirklichkeit der moslemischen Gesellschaften entfernt als die derzeit kursierende Vorstellung vom Islam als eines allumfassenden gesellschaftlichen Verhältnisses mit Exklusivanspruch. Dieses Islambild wurzelt, wie gesagt, in der klassischen Anthropologie und Ethnologie, die die »Sonderentwicklung« des Westens als Ausnahmeerscheinung hypostasieren und gegen alle anderen, angeblich dem Sakralen verhafteten Gesellschaften abheben.[127] Es resultiert aus der Verwestlichung der Welt und spiegelt den von Letzterer imaginierten Bruch zwischen Orient und Okzident, an dem sich wie immer bewusst oder unbewusst nicht wenige moslemische Denker orientieren.[128] Recht besehen, geht es bei der Reform des Islam nicht um die Trennung zwischen Weltlichem und Geistlichem, da dieser als Spezifikum der christlichen Gesellschaften wohlverstandene Gegensatz völlig an der historischen Realität der moslemischen Gesellschaften vorbeizielt. In Frage steht vielmehr, wie weit die Autorität der koranischen Offenbarung reicht und wie weit sich die Auslegung des Koran von der Überlieferung der ersten Jahrhunderte nach seiner Offenbarung entfernen darf.

Diese Fragestellung bewegte das theologische und politische Denken in den moslemischen Gesellschaften immer wieder. Unter der Abbasiden-Dynastie hätte beinahe die theologische Schule der Mutasiliten die Oberhand gewonnen, die einer historischen Auslegung des Korantexts das Wort redete. Gegen ihren »liberalen« Ansatz insistierten die späteren Theologen darauf, der Koran sei ebenso »unerschaffen« wie Gott, dessen unmittelbares Wort er sei, und beschränkten die

Zahl der Rechtsschulen auf vier: die Malekiten, die Schafiiten, die Hanbaliten und die Hanfiten.

Der ungleiche Kampf zwischen dem laizistischen arabischen Nationalismus und dem verwestlichten Islam

Der große Erfolg, der dem vom Westen imaginierten Bruch zwischen Orient und Okzident beschieden war und ist, erklärt sich nicht zuletzt aus der Niederlage des laizistischen arabischen Nationalismus im Kampf gegen die Kolonialmächte, später gegen Israel. Seine Glanzzeit erlebte dieser Nationalismus in den Jahren 1820 bis 1950 mit der Renaissance der arabischen Sprache und der arabischen Kultur, die nach jahrhundertelanger Erstarrung im Schatten zuerst der mamelukkischen, dann der osmanischen Herrschaft zu neuem Leben erwachten. Einen maßgeblichen Beitrag hierzu leisteten die Christen der arabischen Welt. Doch auch zahlreiche religiöse Denker des Islam entwickelten in diesem Zusammenhang radikale Theorien, die die Laizität der kirchenlosen moslemischen Religion ebenso betonen wie die Geschichtlichkeit der mohammedanischen Offenbarung und den ideologisch-historischen, mitnichten aber essenzialistischen Charakter der moslemischen Rechtstradition, die sich mit Blick auf die Ausgestaltung der kalifischen Herrschaft weitgehend von der persischen und byzantinischen Tradition inspirieren ließ. Die Theoretiker und Praktiker dieser Renaissance waren allesamt große Bewunderer der europäischen Moderne und ihrer liberalen Institutionen. Sie stemmten sich gegen die Kolonialbestrebungen der europäischen Staaten, um die reaktionäre Europafeindlichkeit der moslemischen Fundamentalisten leichter bekämpfen zu können, doch vergebens.

Der europäische Kolonialismus sollte ihnen ihre Aufgabe nicht gerade erleichtern – weder im 19. noch im 20. Jahrhundert, als das Osmanische Reich zusammenbrach und Großbritannien, Frankreich und am Rande auch Italien die Mandatsherrschaft über die arabische Welt übernahmen und diese unter sich aufteilten. Der auf nationale Einheit zielende Diskurs der Modernisierer, die sich an der Philosophie der Aufklärung und am europäischen Nationalismus orientierten, prallte auf die harte Realität fragmentierter Staaten unter der Oberherrschaft der europäischen Kolonialmächte. Hinzu kam die jüdische Einwanderung in Palästina, die die Briten gegen den Willen der arabischen Bevölkerung verwalteten. Und auf der arabischen Halbinsel gründete die dem Westen sehr aufgeschlossen gegenüberstehende Familie der Haschemiten auf den Trümmern der Hedschas-Monarchie 1925 das saudische Königreich, das mit dem Wahhabismus eine besonders harte Spielart des fundamentalistischen Islam zur Staatsreligion erhob. Dies alles trug dazu bei, den liberalen Ideen im Nahen Osten das Wasser abzugraben und alle Glaubwürdigkeit zu rauben.

Nach dem Zweiten Weltkrieg nahm der arabische Nationalismus radikalere Züge an, zumal im Nasserismus. Allerdings erlitt auch das nasseristische Ägypten eine Niederlage nach der anderen, ob das Land versuchte, die arabische Einheit wiederherzustellen, den zum Staat Israel gewordenen Teil Palästinas zu befreien oder den saudischen Einfluss zurückzudrängen. Saudi-Arabien verbreitete die wahhabitische Lehre im Nahen Osten als Mittel zur Bekämpfung der marxistischen Ideologie, die dem arabischen Nationalismus jene radikale Wendung verlieh – in Ägypten in Gestalt des Nasserismus, in Syrien und im Irak in Form des Ba'athismus. Der Westen unterstützte Saudi-Arabien und machte überall in der Dritten Welt Stimmung gegen radikal-nationalistische Bestrebungen, die sich mit der Bewegung der Blockfreien ein Mittel zur Einflussnahme schufen. Dass die Organisation der Islamischen Konferenz, Saudi-Arabien und Pakistan, im geopolitischen Kontext des Kalten Krieges an Einfluss gewannen, wurde schon mehrfach erwähnt.

Der laizistische arabische Nationalismus wird im Zuge dieser Entwicklung definitiv zerschlagen und verschwindet im Nahen Osten von der intellektuellen Bühne. Fortan dominierten Studien und Forschungen, die sich ausschließlich mit dem »politischen« Islam beschäftigten und dies nicht ohne Medienecho. Dieser neue Islam hat seine historischen Wurzeln völlig verloren und muss als Ausdruck einer fehlgeleiteten Verwestlichung gelten. Er diente zum einen politischen Zwecken – dem Kampf gegen die Sowjetunion und den Marxismus –, bediente aber gleichzeitig auch narzisstische Befindlichkeiten (Orient/Okzident, wir/sie). Er passt hervorragend zu arabischen und moslemischen Regimen, die wie Pakistan oder der Sudan[129] politisch, wirtschaftlich und sozial denkbar schlecht dastehen und von Willkür, Diktatur, sozialer Ungleichheit, kurz: krassester Unterentwicklung zeugen.

Auf der einen Seite also die Vorherrschaft des politischen Islam, auf der anderen die israelischen Siege und die Holocaust-Kultur – so nahm der ernüchtert-entzauberte, unbewusst aber zynisch handelnde im Westen den moslemischen Orient in die Zange. Sein Sieg sollte ein totaler sein: Die kommunistischen Parteien brachen im Osten wie im Westen zusammen, die Sowjetunion löste sich auf, die radikalen laizistischen, also »verwestlichten« Nationalismen in der Dritten Welt verschwanden und machten hier und da ethnisch gefärbten Regimen und Religionskriegen Platz, mit den Vereinigten Staaten als oberstem Schiedsrichter.

Zur Befreiung des ölreichen Stadtstaats Kuweit brachten die Vereinigten Staaten und ihre Verbündeten eine halbe Million Soldaten auf der arabischen Halbinsel in Stellung. Das irakische Volk wurde zum Wohl der Menschheit gemartert und gemetzelt. In Serbien flog die Nato »humanitäre« Luftangriffe – unter der fast einhelligen Zustimmung der wohlmeinenden Öffentlichkeit. Und nichts hatte man dagegen einzuwenden, dass die »bärtigen Islamisten« aus Afghanistan den Moslems auf dem Balkan und im Kaukasus unter die Arme griffen.

Die islamische »Saga« läuft aus dem Ruder

Doch die islamische »Saga« nimmt eine schlechte Wende. In Algerien zwingen die »Bärtigen«, wie es scheint in objektiver Komplizenschaft mit gewissen Teilen des Militärs, das Land in die Knie, das der Dritten Welt einst als leuchtendes Beispiel voranging. In den Emigrantengemeinschaften der westlichen Welt tauchen immer mehr Dschellabas und Kopftücher auf, die ein bisschen Farbe, aber auch »Archaik«, ins bürgerliche Treiben der reichtumsgesättigten Städte Europas bringen. Da sind die »Allah-Netze« und »islamischen Randbezirke«, die den Westen schon morgen destabilisieren könnten.[130] Die rechtsextremistischen Parteien Europas schlachten diese Entwicklung weidlich aus.

Der Islam macht Angst. Eine »demographische Bombe« sei er, die den Westen umzingelt und dort fünfte Kolonnen installiert. Trotz aller Fürsorge, die der Westen ihm angedeihen ließ und die ihm ermöglichte, sich überall zu verbreiten, zeige sich der Islam alles andere als dankbar. Unablässig spucke er das Gift seiner stereotypen Klischees vom atheistisch-laizistischen Westen, von einer jüdisch-christlichen Verschwörung gegen den Islam. Schon attackiert er die amerikanischen Truppen auf der arabischen Halbinsel, die Kuweit und Saudi-Arabien beschützen, und verübt Anschläge auf amerikanische Botschaften in Afrika.

Nach dem Attentat von Oklahoma City 1995 war man rasch mit der Vermutung bei der Hand, die Zerstörung des FBI-Gebäudes könne nur auf das Konto der Verrückten Gottes gehen. Mit Erstaunen stellte man fest, dass ein blassgesichtiger Amerikaner, der den alten libertären Hass auf die Bundesinstitutionen hegte, dafür verantwortlich war. Nicht nur im Islam gibt es also »Verrückte«. Der islamische Dschihad jedoch, die Hizbollah und Hamas, hatte noch nie eine gute Presse. Nach dem 11. September ließ Israel nichts unversucht, Osama Bin Ladens Al-Qaida mit den islamischen Organisationen in Verbindung zu bringen, die im Libanon und in Palästina gegen die Besatzungsmacht kämpfen. Islam reimt sich heute auf Terror. Wird der letztgeborene Monotheismus in der neuen Ordnung des triumphierenden Westens also zum Paria herabsinken? Im Kalten Krieg instrumentalisiert, später zum Exotikum verklärt und ausgegrenzt, bleibt das Schicksal der moslemischen Religion höchst ungewiss. Wie wird es mit ihr weitergehen, nachdem sie zunächst im Kontext der europäischen Kolonialexpansion, später im Zusammenhang mit dem Triumph der westlichen Kultur für deren Zwecke eingespannt wurde?

Eine Antwort auf diese Frage fällt nicht leicht, denn ein Teil der Antwort liegt in der künftigen Entwicklung des Denkens und der internationalen Politik des Westens. Gerade diese Entwicklung, gerade die westliche Kultur aber ist unberechenbar. Ihr Hauptmerkmal seit der Renaissance ist, wie gezeigt, die Widersprüchlichkeit ihres Denkens, ihre Unfähigkeit zu dauerhafter Synthese, ihr ideologischer Aktivismus, ihr ebenso narzisstischer wie den Anderen abwertender Diskurs, ihre biblischen Archetypen, ihr Prophetentum, ihre Heilstheologie und ihr Auserwähltheitsglaube, das Aufeinanderprallen von libertären und prophetischen (will sagen: autoritären) Tendenzen. Das Wunder des Westens besteht nicht so sehr in seiner Macht an sich, sondern vielmehr darin, dass es ihm gelingt, diese Macht zu erhalten und zu steigern, während er gleichzeitig sich selbst und seine Nachbarn verzehrt. Der Westen ist identisch mit den Extremen, die das 20., aber auch das 19. Jahrhundert charakterisierten.[131] Er ist in eins Revolution und Konterrevolution, er ist die titanische Konfrontation zwischen Kapitalismus und Sozialismus, die Gleichzeitigkeit von libertärem Laizismus und archaischem Volkstum, von freiheitlicher Bürgergesellschaft und ethnischer Borniertheit. Diese Widersprüchlichkeit des Westens zu erkennen, fällt nicht leicht, weil der Westen stets siegreich war und weil wir dazu neigen, Macht mit Vernunft zu verwechseln.

Heute führt uns der Westen in eine andere Schlacht, in den Kampf um die wirtschaftliche Globalisierung einer neuen und gerechteren internationalen Ordnung. Ob wir in diesem Bereich mehr Klarsicht beweisen werden?

7. Wirtschaftliche Globalisierung und neue Ordnung

Das Heil der Menschheit durch Freihandel

So gewiss die Dritte Welt aus dem ökonomischen Diskurs verschwunden ist, so gewiss leitete der Sieg über den Kommunismus eine Ära der unumschränkten Herrschaft des Neoliberalismus ein. Ihren Aufschwung nahm die neoliberale Ideologie bereits Anfang der achtziger Jahre, als Margaret Thatcher in Großbritannien und Ronald Reagan in den Vereinigten Staaten die Regierungsgeschäfte übernahmen. Keynesianische Theorien waren fortan »out«, der Monetarismus à la Milton Friedman »in«. Auch die Theorien des goldenen Mittelwegs zwischen Kapitalismus und Sozialismus gingen in der Niederlage des sozialistischen Denkens unter. Alle staatlichen Eingriffe ins wirtschaftliche Leben wurden fortan verteufelt. Das Heil der Menschheit, so die neoliberale Theorie, liege in der Privatinitiative und der freien Marktwirtschaft, keinesfalls aber in der sozialen Marktwirtschaft, wie der deutsche Kapitalismus lange Zeit behauptete. Eine blinde Maschinerie lief an, die in den ehemals kommunistischen Ländern und in Lateinamerika die staatseigenen Unternehmen liquidierte und mit jedem Tag mehr Armut produziert.

1994 mündeten die zu Beginn der sechziger Jahre begonnenen GATT-Verhandlungen in die Gründung der Welthandelsorganisation (WTO), die sich in der Folgezeit zum Gendarme der Liberalisierung des weltweiten Handels- und Dienstleistungsverkehrs aufwarf. Die Europäische Union schuf einen einheitlichen Binnenmarkt mit Einheitswährung und suchte die Mittelmeeranrainer in eine gemeinsame Freihandelszone einzubinden, während die Vereinigten Staaten mit gleicher Zielsetzung Verträge mit Mexiko und Kanada schlossen. Das Heil der Menschheit durch Freihandel lautete seither die Devise.

Es begann ein neuer »Kreuzzug«, wie nur der Westen ihn führen kann. Alle Energie, alle Finanzmittel, alle Medien und alle akademische Forschung wurden für das neue Abenteuer mobilisiert. Das verheißene Paradies nennt sich »Globalisierung« der Wirtschaft, die Mittel es zu erlangen sind Liberalisierung, Freihandel, Rückzug des Staates aus dem Wirtschaftsleben.

Angemerkt sei, dass der Mythos vom allgemeinen Überfluss, vom Brot für alle, keineswegs neu ist. Ein Blick in die Bibel mag unserem Verständnis auf die Sprünge helfen. Armut und Mangel bescherte Gott den Menschen, seinen Kreaturen, weil sie anmaßend gegen ihn waren. »Im Schweiße deines Angesichts wirst du dein Brot essen«, sagte Gott, als er Adam und Eva aus dem Paradies vertrieb. Die industrielle Revolution, eine Tochter der europäischen Renaissance und der Aufklärung, nahm die Herausforderung an. Wissenschaft und Technik machten Riesenfortschritte und beendeten die Knappheit.

Mit dem Staat oder ohne den Staat? Dies war lange Zeit umstritten, bis die europäische Sozialdemokratie nach dem Zweiten Weltkrieg glaubte, einen Kompromiss zwischen den verfeindeten Ideologien Sozialismus und Kapitalismus gefunden zu haben. Heute jedoch kann sie den Vormarsch der neoliberalen Ideologie kaum noch aufhalten. Letztere greift alle Verheißungen eines wirtschaftlichen Paradieses auf. Weniger Staat und mehr Freihandel sollen genügen, um allen ein auskömmliches Dasein zu bescheren, frei nach Montesquieus »sanftem Handel« und Adam Smiths »unsichtbarer Hand«.

Wir beabsichtigen hier nicht, mit dieser Ideologie und ihren Exzessen ins Gericht zu gehen. Wir wollen nur hervorheben, dass der Protest, der sich seit einigen Jahren gegen den Neoliberalismus erhebt, weder aus der Dritten Welt kommt, die am schlechtesten gerüstet ist, von der Liberalisierung des Handels zu profitieren, noch aus den ehemals kommunistischen Ländern, in denen die soziale Ungleichheit wohl wieder das Niveau von vor über einhundert Jahren erreicht hat. Nein, aus dem Herzen der westlichen Machtmaschinerie selbst tauchte der Protest 1999 auf und äußert sich seither in Wort, Schrift und Massendemonstrationen. Und wenn dieser Protest oft in Ausschreitungen mündete, so deshalb, weil er von höchst unterschiedlichen gesellschaftlichen Gruppen getragen war (von Arbeiter- und Bauerngewerkschaften, grünen Parteien, linken Ökonomen, Vertretern westlicher Nichtregierungsorganisationen, die in der Dritten Welt tätig sind) und weil der Staat auf dieses breite Bündnis, das auch liberalisierungskritische US-Bürger und Organisationen aus der Dritten Welt umfasst, ziemlich allergisch reagierte.

Der Westen selbst also provoziert diesen aus seiner Mitte kommenden Widerspruch. Verwunderlich ist das nicht, schließlich bestimmt der Westen seit dem Ende des Kommunismus und der damit einhergehenden Marginalisierung der Dritten Welt in den internationalen Angelegenheiten allein die Spielregeln, und dies in allen Bereichen. Symptomatisch für diese neue Situation, die außer den Vereinigten Staaten und ihren Verbündeten keine internationalen Akteure von Rang mehr kennt, war der Golfkrieg. Der einstige Einfluss Chinas, Russlands, Ägyptens und Indiens auf der weltpolitischen Bühne hat sich praktisch in nichts aufgelöst. Nur ein Ziel scheint die Weltgeschichte in Zeiten wirtschaftlicher Globalisierung noch zu kennen: den Beitritt zur Welthandelsorganisation, die Förderung des »sanften Handels« als Mittel zum Glück der Menschheit. Die westeuropäischen Länder haben sich diesem Ideal schon lange verschrieben und diesen Weg, der Kriege und der Gewalt überdrüssig, bereits 1956 eingeschlagen.

Gewiss, zur Zeit des Golfkrieges, als die Vereinigten Staaten große Truppenkontingente im Nahen Osten stationierten und die Sowjetunion zusammenbrach, versprach Amerika eine neue, gerechtere und harmonischere internationale Weltordnung auf Grundlage des Gleichbehandlungsprinzips. Die Mobilisierung der Vereinten Nationen, um den Irak zu bewegen, unrecht Erworbenes wieder freizugeben, war als ein erster Schritt auf diesem Wege gedacht. Doch das groß angekündigte Projekt verlor sich im Sand der irakischen Wüste. Die Vereinigten Staaten als die alleinigen Herren der Welt begannen die Weltgeschäfte nach eigenem Gusto zu leiten, hier im Verein mit der Nato, dort in Zusammenarbeit mit den Vereinten Nationen, je nach den jeweiligen Umständen und momentaner Interessenlage. Die Europäische Union übte sich weiterhin als treuer Bündnispartner und hatte an den amerikanischen Entscheidungen nicht viel auszusetzen. Alle Aufmerksamkeit galt fortan der Wirtschaft, dem großen Abenteuer der Globalisierung, dem neuen Paradies der Menschheit.

Das große Abenteuer der Globalisierung: von 1492 bis zum 11. September 2001

Die Globalisierung ist ein großes Abenteuer. Mensch und Technik, Waren, Kapital und Dienstleistungen greifen Raum und räumen sämtliche Hindernisse, die sich ihnen in den Weg stellen, beiseite. Die Eroberung der Welt, die 1492 ihren Anfang nahm, geht unvermindert weiter. Europäisierung, Verwestlichung, Modernisierung, Globalisierung – wie immer die Sprachregelung, die Entwicklung verlief stets in denselben Bahnen und zielte auf den Sieg des prometheischen Westens, von der europäischen Renaissance über die industrielle Revolution bis zur amerikanischen Vorherrschaft von heute. Einige Länder haben sich diesem fantastischen Eroberungszug erst in jüngster Zeit angeschlossen, zunächst Japan, später auch die südostasiatischen »Tiger« Südkorea, Taiwan, Singapur und Malaysia. Die osteuropäischen Länder, die bereits eine industriekapitalistische Entwicklung hinter sich hatten, bevor sie vom Sowjetkommunismus unterjocht wurden – Tschechien, Polen und Ungarn –, ziehen sich seit dem Fall der Sowjetunion und dem Eintritt in die globalisierte Welt mehr oder weniger gut aus der Affäre, obwohl die Armut auch bei ihnen zunimmt.

Andernorts zeigen sich schärfere Kontraste. Im Zuge der Globalisierung entstand überall in der Dritten Welt eine Klasse von Neureichen. Es bildeten sich neue soziale Schichten. In Ländern wie China zogen manche Regionen erhebliche Auslandsinvestitionen an. Im Rahmen des Outsourcing entstanden in den Billiglohnländern viele Arbeitsplätze, etwa im IT-Sektor Indiens. Höchst fraglich allerdings, ob diese neuerliche Globalisierungswelle wirklich allgemeinen Wohlstand bringt. Die Organisation für wirtschaftliche Zusammenarbeit und Entwicklung (OECD), die Weltbank, der Internationale Währungsfonds (IWF), die Welthandelsorganisation (WTO) und die Europäische Union, aber auch die meinungsbildenden Medien – wie das angesehene britische Wirtschaftsmagazin *The Economist* – suchen mit langen Zahlenreihen und Statistiken zu beweisen, dass dem so sei. Anderes, weit aussagekräftigeres Zahlenmaterial legen die Globalisierungskritiker vor. Daraus geht hervor, dass Armut und Ausgrenzung, soziale Ungleichheit und Umweltzerstörung weltweit zunehmen. Nicht leicht, sich in diesem Zahlengestrüpp zurechtzufinden und sich eine unabhängige Meinung zu bilden, denn die globalisierungskritische Literatur findet vergleichsweise wenig Verbreitung, während die Globalisierungsbefürworter in allen Medien und auf allen Kanälen weltweit präsent sind.

Auch der Protest gegen die Machtpolitik der Vereinigten Staaten, der nach dem 11. September abermals auflebte wie zehn Jahre zuvor beim Golfkrieg, bleibt eher eine Randerscheinung. Wird der 11. September zum Kristallisationspunkt der globalisierungskritischen Bewegungen, oder wird er der Gegenseite vielmehr ermöglichen, auch noch den letzten Widerstand niederzuschlagen? Wird der Krieg der Zivilisationen, der Bruch zwischen Orient und Okzident, die Globalisierung bremsen oder im Gegenteil beschleunigen? Für eine Beantwortung dieser Frage ist es noch zu früh. Anhaltspunkte liefert aber zum einen die westliche Entwicklungsdynamik, die wir im vorliegenden Buch auf den Begriff zu bringen suchen, zum anderen aber auch die Dynamik der Verwestlichung. Nach dem 11. September musste der Westen mit Schrecken feststellen, dass die Höhlenmenschen in Gestalt des Osama Bin Laden und Gefolgschaft keineswegs der Vergangenheit angehören, dass diese Marionetten made in USA sich nunmehr gegen ihren Schöpfer wenden.

Gibt es aus dieser alles andere als angenehmen Lage einen Ausweg? Die Globalisierungskritiker sahen sich durch die Katastrophe des 11. September in ihrer Kritik bestätigt, die Globalisierungsbefürworter hatten einen Grund, nun erst recht zum Angriff überzugehen. Die Zukunft wird nicht leicht, auch wenn man im Westen wie nach dem Golfkrieg erleichtert feststellt, dass die amerikanischen Luftangriffe auf Afghanistan nicht den befürchteten Aufstand der »Barbaren« auslösten. Die islamische Bevölkerung in Asien und im Nahen Osten hat nicht revoltiert, und in den moslemischen Zuwanderergemeinschaften im Westen wurden keine feindseligen Aktivitäten festgestellt. Die »moslemischen« Regierungen haben den Sturm heil überstanden; keine einzige ist unter dem Protest der zornigen Menge zusammengebrochen.

Kann man deswegen so weiter machen, als sei der 11. September nicht geschehen? Kann man unverändert am Ziel der Globalisierung festhalten? Moderate Stimmen sind der Meinung, Armut und Ausgrenzung, diktatorische Regime und Menschenrechtsverletzungen müssten entschlossener bekämpft werden, um Phänomene wie Osama Bin Laden, der bei den Ausgegrenzten und Enterbten einigen Widerhall findet, zu verhindern. Andere, eher skeptische Stimmen stellen die Verwestlichung der Welt generell in Frage, wobei sich hier zwei Strömungen unterscheiden lassen: Die »Essenzialisten« halten das westliche Modell für eine Ausnahmeerscheinung, die andernorts nicht reproduziert werden kann. Die »Selbstkritiker« wiederum sind der Auffassung, das westliche Modell sei gefährlich, zu unvollkommen und ungerecht, es beschwöre durch seine Exzesse seinen eigenen Untergang herauf. Die pessimistischen Essenzialisten meinen, der Westen solle sich nach außen hin verbarrikadieren, sich an seine Werte klammern und Krieg führen, wo seine vitalen Interessen bedroht sind (Golfkrieg) oder wenn er angegriffen wird (11. September und Afghanistan-Krieg). Die selbstkritisch Gestimmten wollen den Export des westlichen Modells in die Dritte Welt verhindern, weil sie nicht glauben, dass man es korrigieren oder zähmen könne. In ihren Augen ist die Rede von Armutsbekämpfung, die die Vereinten Nationen und die internationalen Finanzorganisationen wie die Weltbank im Munde führen, völlig unglaubwürdig. Die Essenzialisten wiederum kritisieren jede weitere Entwicklungshilfe als Verschwendung, da sie nur die Kassen korrupter Staatsführer fülle.

Nach außen hin mag der Westen als einheitlicher Block erscheinen, doch bei näherem Hinsehen zeigt sich die öffentliche Meinung durchaus gespalten. Kriegstreiberischer Extremismus findet sich hier ebenso wie tolerante Weltoffenheit, totaler Relativismus, der eine Durchmischung der Kulturen befürwortet, ebenso wie ängstlicher Rückzug auf die westlichen Werte und Ablehnung jedes Multikulturalismus. Abgesehen vom hegemonialen Diskurs, der nur eine Notwendigkeit kennt – die Globalisierung –, bietet der Westen also ein vielfältig schillerndes Meinungsbild.

Globalisierungsdiskurs oder Identitätsdiskurs

Indes sollten wir darüber nicht aus den Augen verlieren, dass der dominante Diskurs einen immer größeren Einfluss auf die Weltwirtschaftspolitik gewinnt. Die Macht dieses Diskurses liegt in schierer Wiederholung. Unablässig hämmert er sein Credo, wirtschaftlicher Wohlstand für alle sei nur durch Freihandel zu erreichen, nur wenn der Unternehmerinitiative und den multinationalen Konzernen freie Hand gelassen werde. Bis zum Zusammenbruch der Technologie-Aktien an den amerikanischen Börsen wurden die »Jungunternehmer« der High-Tech-Startups aus Silicon Valley und anderswo als leuchtende Beispiele hochgehalten, als Inkarnationen des individuellen Erfolgs gefeiert, als Werbeträger des ultraliberalen Kapitalismus, dazu berufen, den sozialdemokratisch gezähmten Kapitalismus europäischer Provenienz aufs Altenteil zu setzen.

Auch außerhalb des Westens kamen einige Wenige zu Reichtum. Da sind die Profiteure der sprunghaft angestiegenen Ölpreise, die Masse der Zwischenhändler und Zwischenträger der Korruption im staatlichen Auftragswesen, auf den Märkten der Dritten Welt wie in den Industrieländern selbst. Und da sind all die Neureichen des ungezähmten Kapitalismus, der auf den Trümmern des »Sowjetblocks« gedeiht, meist ehemalige Apparatschiks, die zu Geschäftleuten mutierten und nun an der Ausplünderung ihres eigenen Landes mitwirken. Eine Menge Leute also, die den hegemonialen Diskurs gutheißen und stärken.

Ein weiterer Faktor, der dem Mainstream Macht und Glaubwürdigkeit verleiht, ist die wachsende Zahl ausländischer Studenten in den Vereinigten Staaten. Ein Master in Finance, Business Economics oder Management, absolviert an einer amerikanischen Universität, stellt auf dem internationalen Arbeitsmarkt immer noch ein Plus dar, auch im Vergleich zu den Abschlüssen angesehener europäischer Universitäten. Die Vereinigten Staaten sind das »Mekka« des Kapitalismus, und von ihren Universitäten strahlt der militante Neoliberalismus am stärksten aus.

Die Globalisierungsideologie kann sich also auf eine recht breite Grundlage stützen und wird so schnell nicht verschwinden. Die ständige Entwicklung neuer Produkte und Dienstleistungen, deren Qualitäten, kaum sind sie am Markt, von allen internationalen Medien über den grünen Klee gelobt werden, übt weiterhin Faszination aus. Die globalisierungskritischen Bewegungen haben keine leichte Aufgabe, ist es doch schwierig, die Armen davon zu überzeugen, dass das Konsum- und Technologieparadies ein künstliches Paradies sei, zu dem sie niemals Zutritt erhalten werden. Unterstützung finden die Globalisierungsgegner daher eher bei den Mittelschichten in den reichen Länder, die sich für Fragen des Umweltschutzes, der Lebensmittelsicherheit und der Lebensqualität interessieren. In den armen Ländern hingegen, wo die Faszination des westlichen Lebensstils ungebrochen ist, werden sie mit solchen Themen kaum auf Widerhall stoßen. McDonald's, Coca-Cola, ein eigenes Auto und ein Handy gelten fast überall auf der Welt als attraktive Wohlstandssymbole, zumal sie angesichts vermehrter ethnisch motivierter Gewalt in vielen Augen gleichbedeutend sind mit friedlichem Zusammenleben.

So deprimierend diese nüchterne Einschätzung aber auch sein mag, sie zeigt jedenfalls, dass der Verfall des Politischen – im vornehmen Sinn des Wortes – das Grundproblem ist, das wir lösen müssen. Die Verantwortung für diesen Verfall trägt die intellektuelle Entwicklung im Westen, die an die Stelle kritischer Auseinandersetzung, wie beschrieben, einen narzisstischen Diskurs treten ließ. Kritische Auseinandersetzungen bleiben heute auf den ökonomischen Bereich beschränkt; auf anderen Gebieten scheint die Kritik ausgedient zu haben. Das war nicht immer so. Man denke nur an die bemerkenswerten Arbeiten des Club of Rome, der in den siebziger Jahren vor der Verschwendung nicht erneuerbarer Ressourcen und den verheerenden wirtschaftlichen Konsequenzen warnte. Oder an die politisch engagierten Schriften dieser Zeit, die eine gerechtere Weltwirtschaftsordnung einklagten. Diese intellektuelle Strömung wurde durch den Triumph des Neoliberalismus buchstäblich hinweggefegt. Von diesem kritischen Denken bleibt rein gar nichts mehr.

Dies erklärt auch, weshalb sich die Globalisierungskritiker kaum Gehör verschaffen können und weshalb es ihnen nicht gelingt, das herrschende Denken und das wirtschaftliche Handeln der großen internationalen Akteure zumindest ein wenig in ihre Richtung zu lenken. Der Messianismus der Globalisierung hat seinen Gegner noch nicht gefunden, sieht man von den Straßendemonstrationen und den Ausschreitungen anlässlich internationaler Gipfeltreffen einmal ab – wobei diese Ausschreitungen dem Anliegen der Globalisierungsgegner durchaus abträglich sind.

Wenn der Symbolgehalt des 11. September geeignet erscheint, den kritischen Geist mit neuem Leben zu erfüllen, dann deshalb, weil er mehr mit globalem politischen Protest zu tun hat als mit Kritik an der neuen Wirtschaftsordnung. Was wir dringend realisieren müssen, ist, dass die technische Kritik an den Mechanismen der Globalisierung nur unter der Voraussetzung einer »Repolitisierung« Sinn macht.

Denn täuschen wir uns nicht: So demagogisch die messianische Verheißung von Überfluss für alle auch erscheinen mag, sie übt eine ungeheure Anziehungskraft aus, der zu widerstehen nicht leicht ist. Der westliche beziehungsweise antiwestliche Identitätsdiskurs, der den eigentlich politischen Diskurs in den letzten Jahrzehnten abgelöst hat, ist überdies Wasser auf die Mühlen des globalisierenden Neoliberalismus. Letzterer erscheint in der Tat als die einzige Sprache, in der sich die aufeinander prallenden Identitäten noch verständigen können. Zu gewährleisten wäre allerdings, dass sich die neue Ordnung der internationalen Globalisierung nicht auf eine imperiale Ordnung reduziert, sondern sich in eine im vollen Wortsinn demokratische Ordnung einfügt.

Weltordnung ohne demokratische Prinzipien

Wenn wir aus der Geschichte des Westens etwas lernen können, dann dies, dass Macht nicht gleichbedeutend ist mit Vernunft, Wissen nicht gleichbedeutend mit Weisheit. Der Westen will das nicht wahr haben, und deshalb gelang es ihm zur keiner Zeit, ein festgegründetes und gerechtes Imperium zu errichten, weder bei sich zuhause noch in seinen Beziehungen zu anderen Weltregionen.

Die innereuropäische Geschichte ist, wie kurz angesprochen, durch eine lange Reihe von Bürgerkriegen gekennzeichnet, die zunächst in Gestalt der Religionskriege auftraten, später die Form der Revolutionskriege und nationalistischen Kriege annahmen und schließlich als Kalter Krieg firmierten – die infame Vernichtung der Juden und Zigeuner nicht zu vergessen. Was die Beziehungen des Westens zur übrigen Welt anbelangt, so haben wir den Völkermord an den amerikanischen Ureinwohnern erwähnt, den Sklavenhandel mit Afrika, der in Amerika neu auflegte, was in Europa bereits verschwunden war, die koloniale Unterwerfung fast aller Kontinente, schließlich die Schaffung des Staates Israel, das letzte große Kolonialunternehmen unter biblischem Vorzeichen.

Angesichts dieser dramatischen Geschichte können die völkerrechtlichen Neuerungen der letzten Jahrzehnte kaum überzeugen. Der nach dem Ersten Weltkrieg gegründete Völkerbund verfehlte sein Ziel, Frieden und Gerechtigkeit in der Welt zu schaffen, ebenso wie die nach dem Zweiten Weltkrieg aus der Taufe gehobenen Vereinten Nationen: Noch immer regieren Krieg, Gewalt und Hunger die Welt. Der gesammelte Idealismus, die gesammelte Vernunftphilosophie der westlichen Kultur, wie sie etwa in den berühmten Schriften eines Abbé Saint-Pierre oder eines Immanuel Kant über den »ewigen Frieden« vorliegen, hat noch immer keine stabile und in sich stimmige Weltordnung hervorgebracht. Der demokratische Westen kann sich von seinen imperialen Ambitionen, die ihn seit den Anfängen der Renaissance umtreiben, einfach nicht trennen. Unfähig scheint er, den Grundwiderspruch zwischen demokratischer und imperialer Ordnung aufzulösen. Ganz so, als wäre er seiner eigenen Dynamik, seines Überschwangs, seiner eigenen Macht nicht Herr.

Der Kalte Krieg, auch er eine äußerst gewalterfüllte Epoche, schrieb die Widersprüche fort, die Europa zur Zeit der Französischen Revolution ausgebildet und später in alle Welt exportiert hatte. Als diese Episode mit dem Zusammenbruch der Sowjetunion zu Ende ging, folgte jedoch nicht allgemeiner Friede auf der Grundlage freiheitlich-demokratischer Prinzipien, sondern neue Gewalt und eine beispiellose Entfaltung militärischer Macht. Vor allem die Vereinigten Staaten stationierten große Truppenverbände zunächst im Nahen Osten, dann auf dem Balkan, schließlich auch in Zentralasien. Die Vereinten Nationen und die Nato ließen sich für diese Zwecke instrumentalisieren – was ihnen umso leichter fiel, als Russland und China vornehme Zurückhaltung übten und die Europäische Union sich unfähig zu einer eigenständigen Außenpolitik zeigte.

Kein Wunder daher, dass die Truppenstationierungen unter der Schirmherrschaft von Nato beziehungsweise Uno die Züge imperialer Machtpolitik hervorkehrten, den Interessen des Westens gemäß, die die Vereinigten Staaten der Welt diktierten. Eine der größten Absurditäten, die sich die internationale Ordnung in dieser Hinsicht leistet, ist die Lage in Palästina. Der Westen und die Vereinten Nationen verweigern der palästinensischen Bevölkerung jedweden internationalen Schutz, und dies, obwohl die Palästinenser nach Jahrzehnte dauernder israelischer Besatzung noch immer keine staatliche Unabhängigkeit besitzen und das Territorium, das ihnen das britische Mandat beließ (22 Prozent Palästinas), durch den Ausbau der israelischen Siedlungen Tag für Tag schrumpft. Für die Vereinigten Staaten als Großmeister der internationalen Ordnung und Garanten der Sicherheit Israels ist die Gewalt der mächtigen israelischen Armee auf derselben Ebene angesiedelt wie die als terroristisch bezeichneten Attentate palästinensischer Organisationen, die sich dabei auf eben jenes Selbstbestimmungsrecht der Völker berufen, das die europäische Moderne im internationalen Recht verankert hat. Dieser völkerrechtliche Grundsatz, der auf dem Balkan bis zum Widersinn mit Waffengewalt durchgesetzt wurde, soll in Palästina keine Geltung haben. Darin ist sich der Westen einig und bekräftigt gleichzeitig das Recht Israels auf Selbstverteidigung – eine Selbstverteidigung, die zu Lasten der palästinensischen Bevölkerung geht, die materielle und moralische Basis der Autonomiebehörde untergräbt und im Schutz der Besatzungstruppen eine ständige Ausweitung der israelischen Siedlungen ermöglicht.

Die neue Weltordnung, die aus dem Kalten Krieg hervorgegangen ist, ist ein ungeheuerliches Chaos, eine unerträgliche Kakophonie, die der Westen nur deshalb nicht hört, weil sein narzisstischer Diskurs die internationale Medienszene beherrscht. So sehr lässt er sich durch die neueren macht- und militärpolitischen Entwicklungen fortreißen, dass er nicht einmal mehr merkt, was für eine lächerliche Figur er abgibt, wenn er sich auf die Grundsätze der Demokratie beruft, die auf eine karikatureske Kulisse seines eigenen weltpolitischen Treibens heruntergekommen sind. Die Krise der Aufklärungsphilosophie, die wir weiter oben ausführlich beschrieben haben, nimmt vor diesem Hintergrund noch gravierendere Züge an. Nicht von der Hand zu weisen ist die Gefahr, dass die Aufklärungsphilosophie ebenso wie die freiheitlich-demokratischen Werte, die sie hervorbrachte und in die Dritte Welt trug, vollends von der Bildfläche verschwinden.

Und diese Gefahr ist umso größer, als die wirtschaftlichen Ergebnisse der Globalisierung weit hinter den Erwartungen zurückbleiben. Die Finanzmärkte, die sich mit der Spekulationsblase der Technologiewerte auf Höhenflug begaben, haben sich glücklicherweise wieder beruhigt, doch leider ging damit auch das Wachstum in den als Lokomotive der Weltwirtschaft fungierenden reichen Ländern um mehrere Prozentpunkte zurück. Außerhalb der westlichen Hemisphäre häufen sich gravierende Krisen: Mexiko (1994), Südostasien (1997), Russland (1998), Türkei und Argentinien (2000). Welchem Chaos werden wir zusteuern, wenn die Faszination des technischen Fortschritts und der wirtschaftlichen Globalisierung nachlässt?

Gewiss, Indien und China, den beiden bevölkerungsreichsten Ländern der Welt, scheint es nicht allzu schlecht zu gehen. Indien ist ungeachtet aller Schwierigkeiten nach wie vor eine Demokratie, die trotz aller Identitätsforderungen radikaler Sikhs, Moslems und Hindus, trotz all der Gewalt, die damit einher ging und Ministerpräsidentin Gandhi sowie ihrem Sohn das Leben kostete, eine erstaunliche Stabilität an den Tag legt. Der Streit mit Pakistan über den Kaschmir schwelt jedoch weiter und birgt mehr Sprengstoff denn je. Die Situation in China bleibt undurchsichtig, doch dass die hohen Wachstumsraten durch eine drastische Verschärfung der sozialen und regionalen Ungleichheit erkauft ist, kann als gesichert gelten.

Der Westen als Feuerwehr und Brandstifter

Dieses eher düstere Panorama sollte uns Grund genug sein, den narzisstischen Machtdiskurs, der die Welt unter dem Vorwand, Ordnung zu stiften, in ein Chaos stürzt, aufzugeben und einer realistischeren Herangehensweise Raum zu geben. Was hält uns davon ab, wenn nicht die wie immer bewusste oder unbewusste Angst, ein noch viel größeres Chaos könnte entstehen, wenn die brandstiftende Feuerwehr, als die sich der Westen zu erkennen gibt, an Macht verliert.

Kein Zweifel jedenfalls, dass der Westen als Brandstifter auftritt. Seit der europäischen Renaissance legte er Feuer auf seinem eigenen Herrschaftsgebiet, an den Institutionen der alten vorrevolutionären Gesellschaftsordnung, und zündelte in allen Teilen der Welt. Seine Waffen heißen technischer Fortschritt, ständige Umwälzung der Ideen und militärische Gewalt. Kein Zweifel jedoch auch, dass er sich als Feuerwehr betätigt – schließlich ist nur er in der Lage, den Brand zu löschen, den er legt. Misslich nur, dass er bei seinen Löschaktionen oft ebenso gewalttätig vorgeht wie beim Brandlegen. Er entfachte das Feuer des Kommunismus, nur um es außerhalb seiner Mauern mit apokalyptischer Gewalt zu ersticken. Dabei legte er neuen Brand, in Gestalt der hier und dort aufflammenden Identitätsforderungen, und nun, seit dem 11. September, sucht er das Feuer wieder zu löschen, nicht ohne abermalige Gewalt.

Dass er allein kraft seiner unumschränkten Macht für dieses Szenario die Verantwortung trägt, will der Westen mit seinem narzisstischen Diskurs schlicht nicht wahrnehmen. Nicht die Verwestlichung der Welt sei an all den gewaltgeschwängerten Irrungen und Wirrungen schuld, sondern die außerwestlichen Völker selbst, unfähig wie sie seien, sich die Moderne zuzueignen und friedliche Demokraten zu werden nach dem Vorbild der westlichen Demokratien, die das Kriegsbeil endgültig begraben hätten. Jahrhundertelang lieferten sich Franzosen, Briten und Deutsche einen Krieg nach dem anderen um die Vorherrschaft in Europa und in der Welt; heute leben sie friedlich zusammen und verwirklichen Schritt um Schritt die europäische Einheit. Wo es heute noch zu gewaltsamen Auseinandersetzungen kommt, da sei nicht Verwestlichung die Ursache, sondern religiöser und ethnischer Fanatismus, die Unfähigkeit zu eigenständigem *nation building*, die westliches Eingreifen zur Wiederherstellung von Frieden und Ordnung überhaupt erst nötig machte.[132]

Die Vereinigten Staaten, so die Lesart, fungieren gewissermaßen unfreiwillig als Weltpolizist, ein Imperium wider Willen seien sie, schließlich könnten sie sich ebenso gut nach außen hin abschotten, sich auf ihren Kontinent zurückziehen, der so viele Reichtümer vorrätig habe, dass sie ihren Imperialismus gar nicht nötig hätten, um zu prosperieren. Die Wohldenker der neuen Weltordnung führen die Krisensituationen ausschließlich auf den Wahnsinn eines Saddam Hussein im Irak, eines Milosevic in Serbien oder der Taliban in Afghanistan zurück. Ohne diese Verrückten, so die Gutmenschen, wäre es überhaupt nicht zur Krise gekommen, westliches Eingreifen gar nicht nötig gewesen. Kurz: Verantwortlich sei die »Achse des Bösen«, die nun an die Stelle des »Reichs des Bösen« tritt.

Man könnte diese Argumentation fortspinnen: Ohne die »angeborene« Neigung des Islam zum heiligen Krieg (Dschihad) und seine angebliche »Ablehnung« anderer Religionen hätte es weder Osama Bin Laden noch den Afghanistan-Krieg gegeben; Israel könnte in Frieden leben und müsste sich nicht ständig gegen die definitionsgemäß israelfeindlichen Palästinenser und Libanesen verteidigen. Kurz, wir haben es hier wieder mit der ausgiebig beschriebenen essenzialistischen Anthropologie zu tun. Der Westen sei kraft seiner genetisch-kulturellen Verfassung ein Ausbund an Vernunft, Demokratie und Friedfertigkeit, der nur dann in den Kampf ziehe, wenn ihm keine andere Wahl bleibe – sei es, weil andere ihn zu Hilfe rufen, sei es, weil er ungerechterweise angegriffen wird. Der »Orient« hingegen könne sich wegen seiner genetischen Prägung unmöglich von seinen religiösen und tribalen Fantasmen lösen. Und weil der Westen die damit einhergehende Unruhe und ständige Bedrohung der wie immer unvollkommenen Weltordnung nicht hinnehmen könne, müsse einer eben den Sheriff spielen. Der Westen fungiere als Feuerwehr mit den besten Absichten; ihn der Brandstifterei bezichtigen könnten nur unverbesserliche Paranoiker, die es zum Schweigen zu bringen gelte.

Die Angst vor Veränderung

So kommt jeder kritische Gedanke auf den Index. Wer immer den narzisstisch-essenzialistischen Diskurs des Westens in Frage stellt, muss sich die mit gespielter Naivität vorgetragene Frage gefallen lassen: Aber was sollen wir denn an die Stelle der westlichen Ordnung setzen, die bei aller Unvollkommenheit die einzige ist, die wir haben? Ein Dialog scheint unmöglich, denn keiner will dem anderen zuhören, hört ihn erst gar nicht. Auf der einen Seite der narzisstisch-essenzialistische Diskurs, der die menschliche Natur in grobschlächtige anthropologische Kategorien einsperrt und an die Kette zeitloser Invarianten legt, die wir als »imaginär« nachgewiesen haben, intellektuelle Kunstgebilde, dazu angetan, Phänomene der Macht (des Westens) und des Verfalls (des Orients) in einen Schleier zu hüllen. Auf der anderen Seite der kritisch-ätzende Gedanke, getragen vom Glauben an die beständige Möglichkeit von Veränderungen, an den Fortschritt der menschlichen Institutionen und der allgemeinverbindlichen Moral. Doch der kritische Gedanke macht Angst, im Westen wie im Osten.

Im Westen, weil die Ära der Revolutionen und Kriege mit »Universalitätsanspruch« endgültig vorbei sein soll. Zu sehr hatte der

Westen unter seiner ständigen Selbstinfragestellung, Selbstkritik und Selbstverleugnung zu leiden, zu sehr unter den Kampfideologien, die er selbst hervorgebracht hatte. Ist es nicht an der Zeit, in Ruhe und Frieden die Wohltaten des wissenschaftlichen Fortschritts, die Annehmlichkeiten von Technologie, Globalisierung und wie immer ungleichem Handel zu genießen? Der Holocaust-Kult schreibt es dem Westen ins Stammbuch: Nie wieder, was wir getan und gesehen haben!

Auch im Orient, der die Revolutionen des Westens, von einigen asiatischen »Wunderländern« abgesehen, ohne großartige Resultate nachäffte, sieht sich der kritische Gedanke marginalisiert und hat, so er sich nicht emotional gegen den Westen wendet, eine schlechte Presse. Überall in der Dritten Welt, in den geschwächten und korrupten Demokratien ebenso wie in den Diktaturen, die mit reaktionärsten Identitätssymbolen spielen, herrscht dieselbe Stimmung: Kritisches Denken ist nicht angesagt, weil es das Bisschen an Institutionen, das es noch gibt, gefährdet und der Zusammenbruch Letzterer in blutiges Chaos münden könnte.

Kaum verwunderlich, dass in dieser Leere des politischen Denkens, die die wachsende Not in zahlreichen Regionen – selbst im reichtumsstarrenden Amerika – begleitet, Fehlentwicklungen mafiöser Art gedeihen: Drogenhandel, Waffenschmuggel, religiöse Sekten mit verrücktesten Praktiken, gewaltbereite ethnische und religiöse Netze. Die siebte Kunst aus Amerika, die seit Jahrzehnten den Völkermord an den Indianern verherrlicht und in tausendfacher Ausfertigung das Bild vom unerschrockenen und untadeligen Cowboy an die Leinwände malt, glorifiziert mit publikumswirksamen Fernsehserien Gewalt jeder Art: Flugzeugentführungen, Mafiakriege, Ausrottungskriege, den einsamen Rächer und dergleichen mehr. So gesehen, zeigen die Bilder vom 11. September nichts Neues und bieten vielmehr einen aus Spiel- und Fernsehfilmen, Bestsellerromanen und Videospielen wohlvertrauten Anblick.[133] Die wenigen Künstler und Denker, die mit ihren Werken gegen den Strom schwimmen und die delirierenden Entgleisungen der Bilder- und Erzählproduktion wie des narzisstischen Diskurses schonungslos demontieren, sehen sich in den allermeisten Fällen zu einem Randdasein verurteilt und als exotische Vögel verhöhnt.

Die Antwort der Zivilgesellschaft: radikal oder puritanisch?

Das Dilemma besteht also darin, dass wir Angst haben, die wie immer ungerechte Ordnung könnte wie die Zwillingstürme des World Trade Center in sich zusammenfallen, sobald wir versuchen sie zu verändern. Und diese Angst hat globale Ausmaße erreicht, denn sie ist in allen Regionen der Welt anzutreffen. Eingefleischter Konservativismus, ein passives Beharrungsvermögen des Bestehenden scheint im Westen wie im Osten jede politische Reform im Keim zu ersticken.

Mehr Energie mobilisiert hingegen die Anpassung der ökonomischen Strukturen an die Erfordernisse des Freihandels. Im Westen sucht die freiheitliche Demokratie mit den neuen multikulturellen Gegebenheiten und aufkeimenden Identitätsforderungen zurechtzukommen, die nur schlecht ins traditionelle Staatsbürgerverständnis passen. Außerhalb des Westens herrscht große Angst, die Forderungen nach mehr Demokratie, Transparenz, Ehrlichkeit und Gerechtigkeit in der Verwaltung der öffentlichen Angelegenheiten könnten chaotische Zustände heraufbeschwören. Die zahllosen Revolutionen, Konterrevolutionen und Diktaturen im Gefolge hinterließen allzu schlechte Erinnerungen, als dass politischer Radikalismus, der grundlegende Veränderungen anstrebt, noch eine Chance hätte.

Es fällt nicht leicht, Lösungen und Alternativmodelle vorzuschlagen, Institutionen, die geeignet sind, Ungleichheit und Ungerechtigkeit abzubauen, die Ausplünderung der Naturressourcen zu verhindern, die Zweckentfremdung öffentlicher Gelder ebenso zu unterbinden wie die Vergeudung des Vermögens staatseigener und privater Unternehmen durch unanständige Manager und feindliche Übernahmen, die nur den einen Zweck haben, die Kassen der Unternehmensführer und Geschäftsbanken zu füllen. Der allerorts spürbare Bedarf an Ethik und Gerechtigkeit findet heute nicht mehr in radikalen politischen Bewegungen Ausdruck, sondern in Organisationen der so genannten Zivilgesellschaft oder im mutigen Handeln hartnäckiger Richter, die versuchen, dem öffentlichen Leben und der Geschäftswelt ein wenig Moral aufzunötigen.

Auch werden an vielen Universitäten Seminare in »Unternehmensethik« angeboten. Eine Reihe von Investmentfonds investieren die ihnen anvertrauten Gelder nur in »saubere« Unternehmen, die die Umwelt nicht belasten, arbeitsrechtliche Normen respektieren und weder Waffen, Zigaretten noch Alkohol herstellen – hier tritt der Puritanismus angelsächsischer Prägung an die Stelle republikanischer Werte und laizistischer Moral. Zu erwähnen sind auch die globalisierungskritische Bewegung, die Bio-Landwirtschaft, die Initiativen zur Verteidigung der Immigranten und all die humanitären und Menschenrechtsorganisationen, allen voran Amnesty International. Doch so nützlich diese Bewegungen und Initiativen auch sein mögen, um die eingeschläferte Öffentlichkeit wachzurütteln – ohne eine im eigentlichen Sinn politische Mobilisierung, ohne finanziell unabhängige Medien bleibt der politische Horizont verrammelt.

Des Weiteren unternehmen die OECD-Länder Anstrengungen gegen das Weißwaschen von Geldern aus dem Drogenhandel, dem organisierten Verbrechen und der Korruption und ergreifen Maßnahmen gegen die Steuerflucht. Der UN-Sicherheitsrat verabschiedete im Gefolge des 11. September sogar eine Resolution – sie trägt die Nummer 1373 –, die sämtliche Staaten verpflichtet, das Vermögen terroristischer Organisationen zu blockieren. In diesem Fall zeichnet sich hinter den Vereinten Nationen allerdings der Schatten der allmächtigen Vereinigten Staaten und ihrer diversen Spionage- und Nachrichtendienste ab, die damit Zugriff auf das nationale und internationale Bankenwesen erhalten.

Auch in der Dritten Welt kämpfen zahllose Organisationen für die Menschenrechte, für die Rechte der Frauen, der Kinder und der armen Bauern. Daneben gibt es karitative Netzwerke und Institutionen, die Bauern und städtische Arbeitslose mit Mikrokrediten versorgen, sowie Berufsverbände, die mitunter ebenfalls politisch aktiv sind.

Hinzu kommt die enorme Literatur internationaler Organisationen über die Notwendigkeit menschlicher Entwicklung, die Bekämpfung von Armut, die Prinzipien nachhaltiger Entwicklung, verantwortungsvolle Staatsführung, Transparenz in den öffentlichen Angelegenheiten und den Schutz von Umwelt und Natur – Tausende und Abertausende von Seiten, die die UN-Sonderorganisationen, der Internationale Währungsfonds, die UN-Konferenz für Handel und Entwicklung, der Wirtschafts- und Sozialrat der Vereinten Nationen und die UN-Vollversammlung Jahr für Jahr in Form von Broschüren, Berichten, Büchern und Tagungspapieren produzieren.

So eintönig diese Literatur auch ist, so sehr vermittelt sie den Eindruck – sucht ihn zumindest zu vermitteln –, als liege der Welt nichts mehr am Herzen als Ethik und Moral, als sehe der Westen in der Bekämpfung von Elend und Armut seine vornehmste Aufgabe. Der weltpolitische Alltag straft die schönen Worte allerdings Lügen. In der Praxis zeigt dieser Diskurs nicht die geringste Wirkung. An den Strukturen und Kräfteverhältnissen, die die Armut fortschreiben, kann er ebenso wenig ändern wie an der Verschmutzung der Umwelt, den Machenschaften der Mafia, der Korruption in Staat und Gesellschaft. Dem herrschenden Diskurs und den Botschaften der Werbung, die die Weltsicht der Bürger in allen Ecken der Welt prägen und umprägen, hat er wenig entgegenzusetzen.

Konsumbürger oder Staatsbürger

An die Stelle des Staatsbürgers nach antik-griechischem oder neuzeitlich-revolutionärem Vorbild ist der Konsumbürger getreten. Der Konsumbürger verbraucht Produkte und konsumiert kurzlebige Ideen, die die Medien ihm im Rhythmus technologischer Neuerungen vorsetzen. Selbst die Bildung hat sich zum Supermarkt entwickelt, in dem der moderne Bürger je nach finanzieller Ausstattung für seine Kinder Ausbildungsgänge ersteht, die eine möglichst »rentable« Karriere eröffnen. An der Spitze der vielschichtigen Pyramide aus Bildungsprodukten stehen die renommierten amerikanischen Universitäten, die die Diplome mit dem höchsten Marktwert anbieten. Presse, Medien und Filmwirtschaft liegen überall in den Händen großer Finanzgruppen, die ihre Tentakel bis ins Telekommunikations- und Verlagswesen ausstrecken.

Die neuen Millionäre und Milliardäre der Dritten Welt und der ehemals sozialistischen Länder sind dem Club der reichsten Männer der Welt beigetreten, die immer größeren Einfluss auf die Verwaltung der öffentlichen Angelegenheiten und der internationalen Ordnung nehmen. Sie stellen Politikern ihre Privatflugzeuge und Yachten zur Verfügung[134], sie gehen selbst in die Politik – und ahmen damit das amerikanische Vorbild nach, wo der Zugang zur Politik erhebliche Finanzmittel erfordert –, sie gründen karitative oder der Forschung gewidmete Stiftungen, die ihnen Einfluss auf das bürgerliche und kulturelle Leben ihres Landes, ja auf die regionalen und internationalen Angelegenheiten verschaffen. Der normale Bürger sieht sich an den Rand gedrängt und zur Bedeutungslosigkeit verurteilt. Er muss sich als Verbraucher oder Armer – alter oder neuer – mit einem Klappsitz begnügen und auf seine Subsistenz und die Erziehung seiner Kinder beschränken. Bestenfalls darf er, so er als Mittelschichtbürger einen Computer sein Eigen nennt, seine abweichende Meinung im Netz kundtun.

Die imperiale Ordnung von heute verwechselt Bürgerfreiheit oft mit freiem Verkehr von Konsumerzeugnissen (oder mit der Freiheit, aus einem immer umfangreicher werdenden Produkt- und Dienstleistungsangebot auswählen zu dürfen). Die politische Reflexion bleibt dem Fernsehen und seinen an Hahnenkämpfe erinnernden Talkshows überlassen, deren ebenso wortreiche wie bedeutungslose Rededuelle dem zur Passivität verurteilten Zuschauer kaum die Zeit lassen, den abgekarteten Sprachcode zu entziffern. Müde und genervt flieht der Bürger ins Freizeitvergnügen oder engagiert sich bestenfalls in Einpunktbewegungen: für humanitäre Hilfsaktionen in der Dritten Welt, für den Umweltschutz, den Verbraucherschutz und dergleichen mehr. Das Politische im Verstande der Aufklärungsphilosophie aber liegt nicht mehr in seinem Horizont und kann dort auch nicht mehr liegen.

Diese Krise der imperialen Ordnung kann noch lange Zeit andauern, denn die Verwestlichung der Welt ist nicht mehr rückgängig zu machen. Wenn es dem kritischen Diskurs im Westen nicht gelingt, eine allgemein glaubwürdige Moral zu entwickeln, wenn er sich nicht von einem gewissen Narzissmus erholt, den er entwickelte, als er unter marxistischer Flagge ein effektives Gegengewicht zum triumphierenden Narzissmus der Liberalen und Konservativen bildete[135], so steht zu befürchten, dass das Unbehagen, das unsere »Postmoderne« und die »bedrohte« Demokratie heimsucht, zum allgemeinen Schicksal wird. Da die kulturelle Hegemonie des Westens über die gesamte Welt so bald kein Ende finden wird, ist es auf kurze Sicht kaum wahrscheinlich, dass aus anderen Regionen neue philosophische und geschichtsträchtige Impulse kommen. Weder China noch Indien – historische Giganten, die einst eine Zivilisation hervorbrachten – scheinen derzeit in der Lage, eine politische Vision für die Zukunft der Menschheit zu entwickeln.

In einer so durch und durch verwestlichten Welt wie der unsrigen, sind positive Veränderungen nur dann denkbar, wenn der Westen seinen kulturell-hegemonialen Zangengriff lockert – worauf in absehbarer Zeit nichts hindeutet. Nur unter dieser Voraussetzung jedoch könnte sich in den anderen großen Kulturen eine eigenständige Reflexion entwickeln, ein kritisches Denken in philosophischer und historischer Hinsicht, das der nichtwestlichen Welt die Möglichkeit zu neuem Selbstvertrauen eröffnete.

Letztendlich reduziert sich das Problem also auf die Frage, ob die fortlaufende Marginalisierung des kritischen Denkens angesichts der derzeitigen Weltordnung, die allen Fortschritten zum Trotz eher eine imperiale denn eine demokratische Ordnung ist, aufzuhalten ist. Wir haben in den vorangegangenen Kapiteln versucht, die Komplexität der Verwestlichung der Welt zu entziffern und einen Anstoß zu geben für eine kritische Diskussion, deren Ziel es sein muss, die Macht der Klischeevorstellungen und Stereotypen zu brechen, die die Welt in feindliche und angeblich unversöhnliche Lager spaltet.

Zum Schluss: »barbarische Weisheiten«

Die Moderne und die Rhythmusdifferenzen in der Geschichte

Unter »barbarischen Weisheiten«[136] verstehen wir die nüchternen Bemerkungen, die die vorangehenden Überlegungen zu den Folgen der Ereignisse vom 11. September beschließen sollen. Als »nüchtern« bezeichnen wir diese bescheidenen Bemerkungen, weil sie sich weitab der vielschichtigen Gedankengebäude der diversen philosophischen Diskurse bewegen, die die westliche Kultur über sich selbst und die Welt hervorgebracht hat. Denn die großen ontologischen Fragen, die die europäische Renaissance überall in der Welt auf die Tagesordnung gesetzt hat, werden so bald keine überzeugenden Antworten finden. Den wichtigsten Denksystemen, die sich daran versuchten, fehlte es bei aller Kreativität, die sie zweifelsohne für sich beanspruchen können, oft an Bescheidenheit.

Der europäische beziehungsweise westliche Ethnozentrismus, insbesondere die Tendenz, den in hebräischer, christlicher oder, wie seit neuestem, in »jüdisch-christlicher« Perspektive aufgefassten Monotheismus zu idealisieren und zum Gründungsmythos der westlichen Ratio zu erheben, führte die diversen Erklärungsversuche der Menschheitsgeschichte allzu oft auf Abwege. Dieser Mythos hat sich, wie ausführlich dargelegt, zum Epizentrum des imaginären Bruchs entwickelt, der die menschliche Psychologie in zwei radikal gegensätzliche »Mentalitäten« spaltet, die des Orients und die des Okzidents. Die Säkularisierung der Ideale und die Erfindung der modernen Utopien hat die durch jahrhundertelange Bibelauslegung bewirkte Intoleranz ebenso wenig aus der Welt geschafft wie den weiterhin prägenden Einfluss alttestamentarischer Archetypen.

Die Philosophie der Aufklärung und die auf Allgemeingültigkeit Anspruch erhebenden Denkschemata transportierten all der Widersprüchlichkeit der verschiedenen Strömungen zum Trotz stets dieselbe Unnachgiebigkeit wie die alten biblischen Schemata, während das in Bescheidenheit sich übende, relativistisch-skeptische Denken nirgends in eine wahrhaft rationalistische Philosophie einmündete, eine Ethik und Moral, auf die sich eine bessere Welt aufbauen ließen. Im besten Fall inspiriert dieses Denken eine neue Philosophie humanitären Handelns, das jedoch weitgehend in die Machtinteressen des Westens eingebettet bleibt. Auf der anderen Seite inspiriert diese relativistische Skepsis jedoch auch Denkströmungen, die einen Rückzug des Westens auf seine eigenen Werte predigen und die »Barbaren« ihrem Schicksal überlassen wollen, da die Moderne außerhalb des Westens ein einziger großer Misserfolg gewesen sei.

Allzu oft wird dabei vergessen, dass sich die Geschichte in Rhythmen entwickelt, deren Springfedern und tatsächliche Geschwindigkeit wir außerstande sind zu bestimmen, dass die »Moderne« nur ein Trugbild ist, eine Signaltafel, die die europäische Kultur seit dem kreativen Aufbruch der Renaissance und der Aufklärung betreibt. Die Wurzeln dieses Aufbruchs reichen, wie gesagt, viel weiter in die europäische Geschichte zurück. Nichts als der sich beschleunigende technologische Wandel vermittelt den Eindruck, auch die Geschichte würde sich beschleunigen. Indes, sitzen wir damit nicht einer trügerischen Illusion auf? Wenn wir unter Geschichte nicht nur den Fortschritt des menschlichen Geistes und die Anhäufung von Wissen verstehen, sondern auch den Fortschritt von Ethik und Moral, die Abschaffung von Gewalt, Hunger, Armut und Ausgrenzung im Westen wie in der übrigen Welt, dann müssen wir einräumen, dass die Geschichte nicht so recht vom Fleck kommt, dass sie sich so langsam fortbewegt, dass der Fortschritt kaum messbar ist.

Wenn die Moderne eine bestimmte Geschwindigkeit des technischen Fortschritts bezeichnet und diese Geschwindigkeit in den letzten zwei Jahrhunderten in der Tat viel höher war als in allen vorangegangenen Epochen, so sei daran erinnert, dass die verschiedenen

Weltregionen in dieser Hinsicht große Unterschiede aufweisen. Als Synonym für Verwestlichung trifft der technische Fortschritt hier und da auf Widerstände und Anpassungsschwierigkeiten, die die Vereinheitlichung der Welt verzögern oder bremsen. Viel zu oft wird auch vergessen, wie sehr das Tempo und der Grad der Verwestlichung mit den traumatischen Geschehnissen im Zuge der hier und dort recht unterschiedlichen Kolonialisierung zusammenhängt. Allerdings macht der Fortschritt der Technik und der Kommunikationsmittel die Vereinheitlichung der Welt zum unausweichlichen Schicksal. Keine noch so starrköpfige Diktatur wird die Globalisierung und die ätzende Wirkung der Moderne auf die aus anderer historischer Zeit stammenden sozialen, religiösen und politischen Institutionen und Sitten aufhalten können.

Die Tempodifferenzen in der Verbreitung des technischen Fortschritts komplizieren die Globalisierung, da sie in den verschiedenen Weltregionen und innerhalb der einzelnen gesellschaftlichen Gruppen einen unterschiedlichen Entwicklungsstand bewirken. Diese Rhythmusdifferenzen führen hier und da zu Verwerfungen entlang imaginärer Bruchlinien, die die Globalisierung bremsen und die in den Ereignissen des 11. September ihren bislang spektakulärsten Ausdruck fanden. Doch auch der zeitliche Rhythmus, in dem die verschiedenen gesellschaftlichen Gruppen ihren Alltag erleben, ist kein Maßstab für den wirklichen Rhythmus der Geschichte. Letzterer wird möglicherweise erst Jahrhunderte später deutlich werden, wenn die jeweiligen Zivilisationen und Imperien längst tot sind, untergegangen im großen Strom der stets unvorhersehbaren Geschichte.

Unter diesem Blickwinkel duldet es keinen Zweifel, dass es der Moderne in weiten Teilen an Bescheidenheit fehlt, ihr, die seit Jahrhunderten alle Anstrengungen unternimmt, den Strom der Geschichte zu beschleunigen und in die gewünschte Richtung zu lenken, alle Flüsse, alle partiellen Geschichten, in die so schwer greifbare, so schwierig zu deutende Geschichte der Menschheit einmünden zu lassen. In dieser Hinsicht erscheint die Moderne auch einem laizistischen Kopf als gewissermaßen »gotteslästerliches« Unterfangen, will sie

Gott oder den Göttern doch ihre Geheimnisse entreißen und den Platz von Theologie, Ethik und Weisheit einnehmen.

Nicht die theologische Spekulation – erst recht nicht der kontemplative Geist fernöstlich-religiöser Weisheit – ist Ursache von Krieg und Gewalt, sondern die übereilten und aggressiven Schlussfolgerungen, die man aus solcher Spekulation und Kontemplation für die Einrichtung der Gesellschaft und den Aufbau ihrer Institutionen ziehen mag. Dann wird die ontologische Angst des Menschen, die sich im »Bedürfnis nach dem Heiligen« kundtut, ausgebeutet, um alle möglichen Exzesse zu rechtfertigen. Ob Letztere sich aus einer primitiven Lektüre der religiösen Texte speisen oder aus einer vorgeblich weltlichen »Mission« ist dabei insofern gleichgültig, als sie in beiden Fällen nach Art des alten Heiligen funktionieren, dem die westliche Wissenschaft das Attribut »magisch« oder »charismatisch« beilegt.

Im Fall des Westens entspringt dies alte Heilige dem Alten Testament, das den im Zuge der Globalisierung ohrenbetäubende Lautstärke annehmenden narzisstischen Diskurs der westlichen Kultur mehr denn je prägt. Höchst lebendig daher die Logik der Religion und die Feindseligkeit nach Art der »Kreuzzüge« – ein Terminus, der, so denkbar schlecht er zum laizistischen Selbstverständnis passt, mittlerweile gängige Münze ist. Die Mechanismen der Sakralisierung sind nach wie vor wirkungsvoll, auch wenn sich die Mission darauf beschränkt, High-Tech-Waren und Dienstleistungen verbrauchende Konsumbürger zu fabrizieren und bestimmten Bevölkerungsgruppen, die kraft ihrer ethnischen oder religiösen Herkunft Unbehagen empfinden, einen Raum zur Inszenierung ihrer Identität und der Forderung nach einem »Recht auf Differenz« zu eröffnen.

So gesehen, hat die Laizität der westlichen Welt ihre anfängliche Bestimmung im Zusammenhang der Entstehung republikanischer Werte weitgehend eingebüßt. Eingebüßt hat sie ihre Bestimmung, ethnische und religiöse Unterschiede in sich aufzuheben und die Privilegien von Gottes Gnaden abzuschaffen, um ein neues Gemeinwesen zu stiften, das dem Glück der Bürger und der Eintracht unter ihnen förderlicher sei. Heute sieht sich die Laizität genötigt, im Namen der freiheitlichen Demokratie selbst jenes Wiederaufleben alter Identitäten zu dulden, wenn nicht zu fördern, Identitäten, die die entzaubert-ernüchterte Welt durch die schrecklichen Kriege des »Zeitalters der Extreme« abermals heraufbeschwor.

Das Heilmittel gegen diese Fehlentwicklung der Laizität liegt natürlich nicht in der verkniffen puritanischen Religiosität der fundamentalistischen Strömungen, die alle Weltreligionen durchziehen und deren karikaturesker Ausdruck in den islamistischen Bewegungen ebenso wie in den auf die jüdische Religion sich berufenden Siedlungsbewegungen in Palästina und in gewissen militant-protestantischen Kirchen in den Vereinigten Staaten zu finden ist. Weder die institutionalisierte Religion noch die diversen Ethnizismen, die sich mit religiösen Werten schmücken, noch auch die religiösen Extremismen, die mit ethnischen oder nationalen Tugenden aufwarten, sind geeignet, die Übel aus der Welt zu schaffen, die die Verwestlichung über Letztere brachte.

Für eine Erneuerung der Laizität

Vordringlichste Aufgabe ist daher, die Laizität als vornehmstes Gründungsmoment des *modernen* Gemeinwesens zu restituieren, wohlbemerkt des modernen Gemeinwesens im Unterschied zum antiken oder vom biblischen Monotheismus regierten Gemeinwesen, in dem das Leben der vielen Götter beziehungsweise des einen Gottes aufs Engste verknüpft war mit dem rituellen und intellektuellen Leben. Die Laizität ist in der Tat der Schoß, aus dem die Staatsbürgerlichkeit spross. Sie ist auch ein stets wirksames Heilmittel gegen den Fanatismus und die kollektive Neigung zum Autoritarismus. Sie ist das wahrhafte Fundament der Selbstbestimmung des Individuums und seiner Achtung vor den bestehenden Autoritäten. Sie ist das kritische Moment, das sich gegen jede Ordnung wendet, die sich unter Berufung auf eine »göttliche« oder »zivilbürgerliche« Transzendenz verrennt.

Die Laizität darf sich nicht darauf beschränken, Weltliches und Geistliches im Gemeinwesen voneinander zu trennen, darf sich nicht wie eine Gefangene des westlich-christlichen Sonderweges auf eine bloße »Säkularisierung« des politischen Lebens und Befriedung der religiösen Streitigkeiten innerhalb einer Religion reduzieren lassen. Sie muss jede Essenzialisierung von Unterschieden zwischen den Bürgern, die Sakralisierung jeder zum Absoluten übersteigerten und daher der Kritik des menschlichen Geistes enthobenen Doktrin zurückweisen. Zu diesem Behufe aber muss die Laizität selbst »laisiert« werden, das heißt, sie muss ihres Status als »spezifisch« westlich-christliche Doktrin entkleidet werden, um sie zu wahrhaft allgemeiner Geltung zu bringen. Nur eine so verstandene Laizität kann das internationale Recht wirksam und glaubwürdig strukturieren. Das internationale Recht muss sich jedem Glauben verschließen, der sich auf irgendwelche theologischen Interpretationen beruft, seien sie aus dem Judentum, dem Islam, dem Christentum oder aus irgendeiner anderen Religion hervorgegangen.

Anstatt also den »Dialog der Religionen« zu fördern, der so sehr in Mode ist, um Eintracht in unseren Gemeinwesen zu stiften, jedoch keines der eigentlich politischen und profanen Probleme der nationalen und internationalen Ordnung zu lösen vermag, wäre es nicht besser, den Bürgern wirkliches Wissen über die theologischen und ontologischen Antworten auf die natürliche Angst des Menschen zu vermitteln? Der Identitätsdiskurs, in dem sich die gravierenden Neurosen unserer Zeit äußern, wird niemals Frieden garantieren; er ist nur eine armselige Antwort auf den Sinnverlust, den die Leiden des 19. und 20. Jahrhunderts bewirkt haben und zuvor schon die Leiden der ersten Kolonialisierungsbewegungen und der Sklavenhandel mit Afrika, die Entwurzelung von Millionen kolonisierter, verschleppter und »völkergemordeter« Menschen, aber auch die Leiden jener, die von Europa auszogen, nicht oder wenig bewohnte Gegenden Europas und der Welt zu erobern.

Gewiss, wir sind uns der Leiden derer, die wie die Ureinwohner Amerikas und die Schwarzen Afrikas das üppige demografische Wachstum Europas seit der Renaissance zu spüren bekamen, heute vergleichsweise mehr bewusst. Doch ein gewisser narzisstischer Diskurs des Westens versucht dieses Leid noch immer zu verschweigen oder herunterzuspielen.[137] Weniger sprechen wir über die Traumata jener, die auszogen diese Räume mit Gewalt zu erobern und die Ureinwohner dabei entwurzelten, marginalisierten und dezimierten. Vielleicht liegt es an den Neurosen, die diese Entwurzelungsoperationen bei den dafür Verantwortlichen auslösten, dass ein Teil der westlichen Kultur, insbesondere die siebte Kunst, vor allem die amerikanische, die Gewalt der Starken gegen die Schwachen, des weißen gegen den farbigen Mann, der Zivilisation und des Fortschritts gegen Barbarei und Primitivismus lange Zeit verherrlichte.

Das Handeln des weißen Mannes in Amerika und in Afrika, vor allem in Südafrika, sowie die Rückkehr der Juden nach Palästina, um den Staat Israel zu gründen und dessen Grenzen unter Missachtung des internationalen Rechts und der internationalen Ordnung auszuweiten, hat sich in seiner traumatisierenden Wirkung auf die Eroberten wie auf die Eroberer keineswegs erschöpft. Es ist wohl kein Zufall, dass die amerikanische Gesellschaft nach wie vor das höchste Gewaltniveau aufweist und Freiheit dort auch darin besteht, eine Waffe bei sich zuhause zu haben. Und wohl nicht von ungefähr empfinden die Vereinigten Staaten eine grenzenlose Sympathie für die israelische Eroberung Palästinas, die sie im Kleinen an die Eroberung des amerikanischen Kontinents erinnert – im kollektiven Unbewussten des Protestantismus eine Wiederholung des biblischen Schemas vom »Gelobten Land«.

Man wird einräumen müssen, dass die Allgemeinverbindlichkeit beanspruchenden Moralprinzipien und ethischen Grundsätze der europäischen Renaissance weder umgesetzt noch respektiert wurden und die Glaubwürdigkeit, die sie einmal besaßen, heute verloren haben. Schlimmer noch, Tag für Tag werden sie von den Vereinigten Staaten, gegen deren Imperialanspruch es kein Gegengewicht mehr gibt, mit Füßen getreten. Die humanitären Aktionen derer, die sich im Dunstkreis der imperialen US-Ordnung bewegen, können die kohärente Umsetzung eines moralischen Wertesystems niemals ersetzen. Der Begriff der Staatsbürgerlichkeit, in den so große Hoffnungen gesetzt wurden, wird mit jedem Tag ein wenig fadenscheiniger, weil die republikanischen und universalistischen Wertvorstellungen, in deren Mittelpunkt die Laizität steht – das heißt die Gleichwertigkeit jedes Einzelnen als Individuum wie als Mitglied eines Gemeinwesens –, keine Glaubwürdigkeit mehr besitzen.

Alle großen Macht- und Zivilisationsordnungen haben versucht, allgemein gültige Ethik- und Moralregeln aufzustellen. Die Philosophie der Aufklärung, die sich auf ein beispielloses Wissen über andere Zivilisationen stützen konnte, ist die bislang letzte, die einen moralischen und ethischen Verhaltenskodex auf der Grundlage einer starken Vision von universellem und laisierten Gemeinwesen hervorbrachte. Es wäre an der Zeit, den Kernbestand dieser Vision, der durch die Ernüchterung des »postmodernen« demokratischen Denkens ebenso wie durch die selektive und gewalttätige Anwendung der Menschenrechtsprinzipien auf internationaler Ebene bedroht ist, mit neuem Leben zu erfüllen. In einer offenen und mestizierten Welt wie der unsrigen ist die Aufrechterhaltung der republikanischen Werte eine wesentliche Voraussetzung, um die Höllenfahrt der »Kommerzialisierung« von Identitätsneurosen, Ethnoabraum und religiösen Ritualen zu stoppen.

Die republikanischen Werte dürfen nicht als Luxus des weißen Mannes gelten, der selbst nicht mehr so recht weiß, was er im Kontext unserer globalisierten und mestizierten Welt damit anfangen soll. Will man denn wirklich glauben, dass die armen, mittellosen Bevölkerungen die Vorzüge des Rechts- und Sozialstaats ablehnen würden, weil sie lieber tribalen, ethnischen oder religiösen Gruppen die Treue halten? Und wenn dem so wäre, wie erklärt sich dann, dass die angeblich entzauberte Welt des Westens auf Millionen von Menschen aus aller Herren Länder eine solche Faszination ausübt, dass sie trotz des Negativimages, das dem Westen in ihrem Herkunftsmilieu anhängt, in eben diesen Westen auszuwandern versuchen?

Der gesunde Menschenverstand sagt einem, dass nur der gescheiterte Aufbau eines Rechtsstaats und Kapitalismus mit menschlichem Antlitz diese Rückwendung zu traditionellen, ethnischen oder religiösen, Zusammenhängen bewirkt, weil Letztere in Ermangelung materieller Sicherheit »imaginär« immerhin moralische Sicherheit bietet – wobei sich nicht einmal diejenigen, die Opfer dieser Rückwendung werden, von dem Versuch abhalten lassen, ins westliche »Paradies« zu gelangen.

Freiheit ist nicht gleich Freihandel

Was die republikanischen Werte zusätzlich untergräbt, ist der allumfassende Triumph der ebenso totalitären wie naiven Ideologie der freien Marktwirtschaft. Sie ist die Letztgeborene unter den Ideologien des weltlichen Glücks, das die Zivilisation der Aufklärung in ihrem finalen Triumph über ihr marxistisches Double in die Welt setzte, während Letzteres fortan auf dem Friedhof der widersprüchlichen Ideen liegt, die die europäische Philosophie hervorbrachte.

In diesem Bereich ist gewiss am meisten zu tun, denn der kapitalistische Liberalismus in Reinform, in seiner amerikanischen Gestalt, gibt sich in seinem Triumph alles andere als bescheiden. Wer ihn zu kritisieren oder vor ihm zu warnen wagt, hat keine gute Presse und läuft Gefahr, flugs als rückständig abgestempelt zu werden, als einer, der den alten Zeiten nachtrauert, die der Menschheit kein Glück bescherten. Er muss sich das »Lehrbuch« über all die Übel anhören, die die verschiedenen Spielarten des Sozialismus über die Menschheit brachten, und soll endlich einsehen, dass es jenseits des freien »Unternehmertums«, jenseits der heiligen Gewerbefreiheit, jenseits der liberalen Idee und der demokratischen Ordnung kein Heil gebe. Freihandel wird mit Freiheit im vornehmsten Sinn des Wortes gleichgesetzt; zumindest sucht man glauben zu machen, dass Freiheit auf der internationalen Bühne in erster Linie durch das Prinzip des Freihandels verkörpert sein müsse.

Man vergisst dabei, dass der Freihandel, soll er allen gleichermaßen zugute kommen, überall dasselbe Produktivitätsniveau voraussetzt, das heißt, dass alle Akteure des kommerziellen Austauschs auf nationaler wie auf internationaler Ebene den technischen Fortschritt gleichermaßen beherrschen und nutzen können. Ohne transparente und gerechte soziale Regulierung führt die Gewerbefreiheit auch innerhalb der einzelnen Staaten zu verschärfter Schichtenbildung, wobei der technische Fortschritt kompensationslos ganze Wirtschaftsbereiche zerstört und für die verlorenen Arbeitsplätze keinen hinreichenden Ausgleich schafft.

Dies zu begreifen, braucht es nicht mehr als gesunden Menschenverstand. Die als »der Westen« firmierende Maschinerie jedoch scheint davon nichts wissen zu wollen und verschließt die Ohren vor jeder Kritik am wilden Kapitalismus, in den sich derzeit alle Länder Zug um Zug hineingestoßen finden. Unerträglich ist die Situation vor allem in der Dritten Welt, die nie in den Genuss der sozialstaatlichen Einrichtungen kam, wie sie die westlichen Länder entwickelten. Doch selbst im Westen erzeugen Globalisierung und Neoliberalismus Ausgrenzung und Ungleichheit, weshalb sich die globalisierungskritischen Bewegungen dort am stärksten entwickeln. Der amerikanische Politologe Stanley Hoffmann brachte die Sache auf den Punkt: »Die wirtschaftliche Globalisierung führt zu einer ungeheuren Verschärfung der zwischen- und innerstaatlichen Ungleichheit, und die Sorge um die Wettbewerbsfähigkeit auf den Weltmärkten untergräbt die Fähigkeit des Staates, diese Ungleichheit abzubauen.«[138]

Hinzuzufügen wäre, dass auch die intellektuelle Hegemonie des siegreichen Neoliberalismus dazu beiträgt, diese Fähigkeit des Staates zu untergraben. Selbst die vernünftigsten und gemäßigsten Stimmen finden kein Gehör. Abermals triumphiert ein Katechismus grob vereinfachender Ideen und verhindert die Verwertung der angehäuften Wissensbestände, Kenntnisse und Rationalität zur Verbesserung der Lebenssituation weltweit. Die lobenswerten Bemühungen der Zivilgesellschaft und der Gerichte, ethische und moralische Grundsätze im Wirtschaftsleben zur Geltung zu bringen, können das Chaos und Unheil, das die Globalisierung über die Welt bringt, leider nicht aufwiegen. Erfolg verspricht in dieser Hinsicht nur institutionelle Regulierung mit weit reichenden Kompetenzen auf der Grundlage sozialökonomischer Wertvorstellungen, die – wie Jürgen Habermas vorschlägt – eine vernünftige Synthese des Erfahrungsbestands der Moderne mit all ihren Erfolgen und Misserfolgen wagen.[139]

Die als Schnellverbrauch kurzlebiger Ideen und intellektueller Moden wohlverstandene westliche Kultur hilft in diesem Bereich aber ebenso wenig weiter wie bei der eingangs dieser Schlussbemerkung angeschnittenen ontologischen Reflexion. Soziale und ökonomische Weisheit ist von ihr nicht zu erwarten. Die Lehrpläne an Schulen und Universitäten orientieren sich noch immer am alten humanistischen Bildungsideal des 19. Jahrhunderts. Sie vermitteln nicht das nötige technische und soziale Wissen, das ein verantwortungsbewusster Bürger braucht, um die Schlüsselprobleme der Entwicklung unserer Welt zu verstehen – sei es die Beherrschung des technischen Fortschritts zum Nutzen der Solidargemeinschaft, die Kontrolle über den Einsatz unserer Natur- und Humanressourcen, die Belastung unserer materiellen und moralischen Umwelt oder auch die (etwa an Popper sich anlehnende) Kritik unserer modernen philosophischen und geschichtsphilosophischen Axiome. Die Herrschaft der Techniker und Technokraten, des Geldes und der Medien, die den Bürger auf passive Verbraucher und reflexionslose Wahlmaschinen reduzieren – all dies sollte Anlass genug sein, die Lehrpläne auf allen Bildungsebenen zu überdenken.

Wissenschaft, technischer Fortschritt und Politik müssen zu einer neuen Renaissance zusammenfinden, die vielleicht nicht schon morgen stattfindet, ohne die jedoch wenig Aussicht auf eine dereinst bessere Welt besteht. Andernfalls, sollte diese Synthese nicht zustande kommen, werden sie Recht behalten, die Zyniker und Profiteure, die Diktatoren und die Henker, die Mafias, Millionäre und Milliardäre, die Rassisten und narzisstischen Neurotiker, die die Welt nur als durch Geld, Rassen, Kultur und Religion gespaltene und hierarchisierte kennen wollen, all die Adepten eines mörderischen Essenzialismus, die auf den vorgeblich unüberwindbaren Unterschiedenen zwischen Menschen, Gesellschaften, Kulturen und Religion ihr einträgliches Süppchen kochen. Die Philosophie der Aufklärung, die republikanischen Werte, die Laizität, die Achtung vor dem Gemeinwesen und die staatsbürgerliche Zugehörigkeit – all dies würde sich als bloßes Trugbild erweisen, als eine Täuschung, die den Planeten verwüstete. Millionen und Abermillionen Menschen hätten seit den Religionskriegen und der Eroberung Amerikas für nichts und wieder nichts ihr Leben gelassen.

Das kann man nicht hinnehmen. Wir haben die Aufgabe, die verwestlichte Welt mit ihrer Entzauberungs- und Entwurzelungsmaschine in eine menschlichere Welt zu verwandeln. Und mag sie auch weniger »modern« sein als die jetzige – bei all den narzisstischen Zweideutigkeiten, mit denen der Begriff der »Moderne« befrachtet ist, wäre dadurch nichts verloren.

Anmerkungen

1. Die umfangreiche Arbeit Oswald Spenglers, *Der Untergang des Abendlandes* (München, dtv, 1979) erschien 1923 und hinterließ einen tiefen Eindruck. In jüngerer Zeit veröffentlichte Paul Kennedy, *Aufstieg und Fall der großen Mächte: ökonomischer Wandel und militärischer Konflikt von 1500 bis 2000,* Frankfurt am Main (Fischer) 2003.
2. Siehe Arnold Toynbee, *Der Gang der Weltgeschichte,* München (dtv) 1973.
3. Nicht zu vergessen auch, dass die universalhistorischen Reflexionen das Erbe Bossuets und der Aufklärungsphilosophie fortschreiben, die mit Voltaire und Montesquieu die höheren Zwecken verpflichtete heilige Geschichte »verweltlicht« hat. Hingewiesen sei auf die Arbeit von Jacques Pirenne *(Die grossen Strömungen in der Weltgeschichte: von der Antike bis zum Abschluss des Zweiten Weltkrieges,* Bern, Hallwag, 1944), die systematisch darlegt, dass die kontinentalen Imperien ihrem Wesen nach autoritär sind, die maritimen hingegen liberal.
4. Raymond Aron (Hg.), *L'Histoire et ses interprétations, entretiens autor d'Arnold Toynbee,* Den Haag (Mouton & Cie) 1971, S. 19.
5. Dazu Sophie Bessis, *L'Occident et les autres. Histoire d'une suprématie,* Paris (La Découverte) 2001.
6. Eine Anspielung auf den Titel von Gilles Kepel, *Die Rache Gottes: radikale Moslems, Christen und Juden auf dem Vormarsch,* München (Piper) 1994.
7. Siehe dazu den anregenden Essay von Jean M. Goulemot, *Adieu les philosophes. Que reste-t-il des Lumières?,* Paris (Seuil) 2001.
8. Serge Moscovoci, *La Machine à faire des dieux,* Paris (Fayard) 1988, S. 81.
9. Ebd., S. 44.
10. Martin Heidegger, »Die Zeit des Weltbildes«, in *Holzwege,* Frankfurt am Main (Vittorio Klostermann) 1972.
11. Siehe insbesondere Karl R. Popper, *Die offene Gesellschaft und ihre Feinde,* Bd. 2, Tübingen (J.C.B. Mohr (Paul Siebeck)) 1992. Der überragende Wissenschaftstheoretiker Karl Popper wurde 1902 in Wien geboren und verstarb 1993 in Großbritannien. Popper übte beißende Kritik am politischen Denken der durch Historizismus und Essentialismus geprägten Hegelschen Philosophie, die zum allgemeinen Modell der Idealisierung des Staats avancierte und in letzterem die Verkörperung des Wesens und des Geistes eines Volks erblickte.
12. Ebd., S. 41.
13. Karl R. Popper, *Ausgangspunkte: meine intellektuelle Entwicklung,* Hamburg (Hoffmann u. Campe) 1994. Das englische Original erschien 1974 unter dem Titel *Unended Quest.*
14. Der herausragende Linguist Noam Chomsky ist einer der wenigen amerikanischen Intellektuellen, die es wagen, die amerikanische Außenpolitik schonungslos zu kritisieren und als »terroristisch« zu brandmarken. Nach dem 11. September erinnerte Chomsky an die zahllosen Terroraktionen der Vereinigten Staaten in der Dritten Welt. Einige seiner Beiträge und Interviews zum 11. September finden sich in *The attack: Hintergründe und Folgen,* Hamburg (Europa Verlag) 2003, sowie in *Acts of aggression: policing »rogue states«,* New York (Seven Stories Press) 1999, das auch Beiträge des ehemaligen US-Außenministers Ramsey Clark und von Edward W. Saïd enthält. Von letzterem ist sehr lesenswert: *Kultur und Imperialismus: Einbildungskraft und Politik im Zeitalter der*

Macht, Frankfurt am Main (Fischer) 1994.

15. Siehe zu diesem Themenkreis die Tagungsberichte zweier Kolloquien, die 1976 und 1978 in Rom stattfanden: *Herméneutique de la sécularisation*, Paris (Aubier) 1976 sowie *Religion et politique*, Paris (Aubier) 1978. Verwiesen sei auch auf die Vorträge am Collège de France, die unter dem Titel »La cité et le sacré« in der Zeitschrift *Raison présente 181* (Paris, 1992) erschienen. Nicht zu vergessen die bemerkenswerten Reflexionen von Serge Moscovici in *La Machine à faire des dieux*, Paris (Fayard) 1988, sowie Pierre Legendre, *Le Désir politique de Dieu. Étude sur les montages de l'État et du droit*, Paris (Fayard) 1988. Legendre beschreibt den prägenden Einfluss theologischer Strukturen auf die Herausbildung der normativen Regeln des modernen Staats. Siehe dazu auch Carl Schmitt, *Politische Theologie*, Berlin (Duncker und Humblot) 1996. Schmitt denunziert die Legende, die Theologie sei in der politischen Ordnung der Moderne liquidiert. Schließlich sei noch auf die fruchtbaren Analysen Manuel de Diéguez über die Entstehung der christlichen Theologie und ihren Einfluss auf die Erkenntnistheorien verwiesen, »die mit ihrem ›Gesetzesbegriff‹ noch die heutigen Mythen des ›Erklärungswissens‹ hervorbringen« (Manuel de Diéguez, *Et l'homme créa son Dieu*, Paris (Fayard) 1984, S. 13). Siehe auch vom selben Autor: *Essai sur l'universalité de la France*, Paris (Albin Michel) 1991, *Le Mythe rationnel de l'Occident*, Paris (PUF) 1980, sowie *L'Idole monothéiste*, Paris (PUF) 1981. Erinnert sei auch an die Überlegungen von Régis Debray in *Critique de la raison politique ou l'inconscient religieux*, Paris (Gallimard) 1981.
16. Karl Löwith, *Weltgeschichte und Heilsgeschehen: die theologischen Voraussetzungen der Geschichtsphilosophie*, Stuttgart (Metzler) 2004. Erwähnt sei auch das monumentale Werk von Hans Blumenberg, *Die Legitimität der Neuzeit*, Frankfurt am Main (Suhrkamp) 2003, eine tiefschürfende Untersuchung zum Prozess der Säkularisierung und seines Verhältnisses zur Theologie der »Vorsehung« und zur Eschatologie.
17. Siehe auch die Analysen von Jürgen Habermas in *Die postnationale Konstellation: politische Essays*, Frankfurt am Main (Suhrkamp) 2003, sowie Michael Hardt und Antonio Negri, *Empire: die neue Weltordnung*, Frankfurt am Main (Campus) 2002, die treffendste Darstellung der Funktionsweise der derzeitigen Weltordnung. Ebenfalls lesenswert: Luc Boltanski und Ève Chiapello, *Le Nouvel Esprit du capitalisme*, Paris (Gallimard) 1999. Zu den wirtschaftlichen Katastrophen, die die Zusammenarbeit von amerikanischem Finanzministerium und IWF in vielen Transitionsländern bewirkte, siehe den Bericht von Joseph E. Stiglitz, *Die Schatten der Globalisierung*, München (Goldmann) 2004. Stiglitz, Ökonomie-Nobelpreisträger und ehemaliger Vizepräsident der Weltbank, kritisiert schonungslos die Kurzsichtigkeit und Konzeptionslosigkeit der »Hilfsmaßnahmen«, die die Vereinigten Staaten und der IWF den krisengeschüttelten Ländern aufdrängen, ganz zu schweigen von der Tatsache, dass ihnen die Korruption und die Ausplünderung dieser Länder durch die mit dem Westen verbündeten Oligarchien völlig gleichgültig sind.
18. Im Jahr 2000 zählte die Organisation der islamischen Konferenz 56 Mitglieder.
19. Maurice Olender, »Aryens et Sémites dans les savoirs du XIXe siècle«, in *Encyclopédie des religions*, Encyclopaedia Universalis, Paris, 1991, S. 84.
20. Jean Lambert, *Le Dieu distribué. Une anthologie comparée des monothéismes*, Paris (Cerf) 1995; Maurice Olender, *Die Sprachen des Paradieses: Religion, Philologie und Rassentheorie im 19. Jahrhundert*, Frankfurt am Main (Campus) 1995.
21. Oswald Spengler, *Der Untergang des Abendlandes*, München (dtv) 1979, S. 784–960.
22. Ebd., S. 836.
23. Dass Renan als einer der Gründer der zeitgenössischen Islamophobie zu gelten hat, geht aus folgender Textpassage klar hervor: »Zur Stunde besteht die wesentliche Voraussetzung für die Verbreitung der europäischen Zivilisation in der Zerstörung der semitischen Sache schlechthin, in der Zerstörung der theokratischen Herrschaft des Islamismus, mithin in der Zerstörung des Islamismus. Denn der Islamismus kann nur als offizielle Religion existieren; reduziert man ihn auf eine freie, individuelle Religion, wird er unterge-

hen. Der Islamismus ist nicht nur eine Staatsreglion, wie der Katholizismus in Frankreich unter Ludwig XIV. und heute noch in Spanien; er ist eine den Staat ausschließende Religion, eine Organisation, deren Typus in Europa allein die Kirchenstaaten zeigen. Dort liegt der ewige Krieg, ein Krieg, der erst enden wird, wenn der letzte Sohn Ismails im Elend umkommt oder mittels Terror in den hintersten Winkel der Wüste getrieben ist. Der Islam bildet die vollständigste Negation Europas; Islam heißt Fanatismus, wie ihn Spanien zur Zeit von Philipp II. und Italien zur Zeit von Pius V. kaum gekannt haben; Islam heißt Verachtung der Wissenschaft, Unterdrückung der bürgerlichen Gesellschaft. Die grauenhafte Einförmigkeit des semitischen Geistes schnürt das menschliche Gehirn zusammen, verschließt es vor jeder zarteren Gedankenfassung, vor jeder feineren Empfindung, vor jeder rationalen Fragestellung, um es der einen ewigen Tautologie auszuliefern: Gott ist Gott.« (Ernest Renan, *De la part des peuples sémitiques dans l'histoire de la civilisation. Discours d'ouverture des cours de langue hébraïque, chaldaïque et syriaque au Collège de France,* Paris (Michel-Lévy frères) 1862.) Eine eingehendere Analyse dieser Rede findet sich in unserem Buch *Le Proche-Orient éclaté, 1956–2000,* Paris (Gallimard) 1999, S. 107–112.

24. Maurice Olender, *Die Sprachen des Paradieses: Religion, Philologie und Rassentheorie im 19. Jahrhundert,* Frankfurt am Main (Campus) 1995, S. 139.
25. A. Ch. de Guttenberg, *L'Occident en formation. Essai de synthèse et de critique des fondements du XXe siècle,* Paris (Payot) 1963. S. 432.
26. Ebd., S. 289f.
27. Maurice Olender, *Die Sprachen des Paradieses,* a.a.O., S. 141.
28. Dazu Emmanuel Berl, *Europe et Asie,* Paris (Gallimard) 1946.
29. Siehe Nicolas Berdiaev, *Les Sources et le sens du communisme russe,* Paris (Gallimard) 1951.
30. Von blendender Klarheit und Tiefgründigkeit die folgenden Ausführungen Georges Batailles zur Religion: »Der Krieg veranlasst die Entwicklung des Individuums zur glorreichen Individualität des Kriegers, die über das Ding-Individuum hinausführt. Mittels einer anfänglichen Negation der Invididualität führt das glorreiche Individuum die göttliche Ordnung ein in die Kategorie des Individuums (die auf fundamentale Weise die Ordnung der Dinge ausdrückt). Es hat den widersprüchlichen Willen, eine Negation der Dauer dauerhaft zu machen. Zu einem gewissen Teil ist daher seine Kraft eine Kraft des Truges. Der Krieg stellt einen kühnen Vorstoß dar, aber auch den plumpesten: um dem gegenüber, was man überschätzt, gleichgültig zu sein, um sich dessen, sich für nichts gehalten zu haben, zu rühmen, braucht es nicht weniger Naivität – nicht weniger Dummheit – als Kraft.« (Georges Bataille, *Theorie der Religion,* München (Matthes & Seitz) 1997, S. 51.)
31. Marc Grépon, *Les Géographies de l'esprit. Enquête sur la caractérisation des peuples de Leibniz à Hegel,* Paris (Payot) 1996. Mit anderem Ansatz Jean-Noël Jeanneney, *Une idée fausse est un fait vrai. Les stéréotypes nationaux en Europe,* Paris (Odile Jacob) 2000.
32. Louis Sala-Molins, *Les Misères des Lumières. Sous la Raison, l'outrage,* Paris (Robert Laffont) 1992.
33. Sophie Bessis, *L'Occident et les autres,* a.a.O.
34. Fernand Braudel, *Die Geschichte der Zivilisation: 15. bis 18. Jahrhundert,* München (Kindler) 1979.
35. Max Weber, *Die protestantische Ethik und der »Geist« des Kapitalismus,* Weinheim (Beltz Athenäum) 2000.
36. George Friedrich Hegel, *Vorlesungen über die Philosophie der Geschichte,* Frankfurt am Main (Suhrkamp) 1970, S. 491.
37. Pierre Chaunu, *La Civilisation de l'Europe des Lumières,* Paris (Flammarion) 1982. Chaunu schreibt: »Seit dem 13. Jahrhundert wurde der technologische Abstand zwischen Europa und der übrigen Welt allem gegenteiligen Anschein zum Trotz immer größer. Die Überlegenheit Europas erklärt sich unter anderem aus zwei Faktoren: der Hin-

wendung zu proteinreicher Fleischnahrung und dem Einsatz von tierischer Muskelkraft. [...] Die ›luxuriös‹ genährten Europäer heben sich insgesamt, ungeachtet aller regionalen Unterschiede, vom Rest der Menschheit ab.« (S. 63)

38. Siehe Oswald Spengler, *Der Untergang des Abendlandes,* München (dtv) 1979, S. 43: »Die Zivilisation ist das unausweichliche Schicksal einer Kultur.« Auch Toynbee stellt sich die Frage, ob die Weltgesellschaft, die der Westen anstrebt, etwas anderes sein kann als eine Form des Zerfalls (siehe das Kapitel »Standardisierung als Begleiterscheinung des Zerfalls« in *Der Gang der Weltgeschichte, Bd. 1: Aufstieg und Verfall der Kulturen* 2, München (dtv) 1973, S. 718–721). Das Problem ist dabei natürlich, dass eine Zivilisation über sehr lange Zeiträume stirbt. So leicht es ist, den Höhepunkt einer vergangenen Zivilisation zu rekonstruieren, so schwer fällt es, die westliche Zivilisation auf der Skala des zivilisatorischen Auf- und Abstiegs zu verorten. Wie künftige Historiker in dieser Hinsicht wohl den 11. September bewerten werden?
39. Siehe Karl Popper, *Das Elend des Historizismus,* Tübingen (J.B.C Mohr [Paul Siebeck]) 2003.
40. Karl Popper, *Die offene Gesellschaft und ihre Feinde,* Tübingen (J.B.C. Mohr [Paul Siebeck]) 1992, S. 315f.
41. Ebd., S. 55.
42. Ebd., S. 55.
43. Emmanuel Berl, *Europa et Asie,* a.a.O., S. 9.
44. Ebd., S. 10.
45. Jack Goody, *The East in the West,* Cambridge (Cambridge Univ. Press) 1998, S. 4 und 8.
46. Gespräch mit Romila Thapar, *Le Monde,* 11. Mai 1993.
47. Jacques-Bénigne Bossuet, *Discours sur l'histoire universelle* (1681). Paul Hazard widmete dem geistigen Werdegang Bossuets einige schöne Seiten, in *La crise de la conscience européenne. 1680–1715,* Paris (Le Livre de Poche) 1961, S. 188-205.
48. Marcel Gauchet, *Le Désenchantement du monde. Une histoire politique de la religion,* Paris (Gallimard) 1985. Den Islam erwähnt Gauchet, wie wir noch sehen werden, mit keinem Wort.
49. Ebd. S. XI.
50. Dazu Georges Corm, *L'Europe et l'Orient. De la balkanisation à la libanisation. Histoire d'une modernité inaccomplie,* Paris (La Découverte) 1989. Die Französische Revolution, so unsere Argumentation, eröffnete eine Epoche der Bürgerkriege, die zunächst auf Europa beschränkt waren, sich im Zuge des Kalten Kriegs, der die beiden so genannten Weltkriege (1914–1918 und 1939–1945) fortsetzte, aber auf die Dritte Welt ausweiteten. Diese Epoche bildet mithin die letzte Phase des europäischen Bürgerkriegs, der sich bis auf die Religionskriege zurückverfolgen lässt.
51. Louis Dumont, *Essais sur l'individualisme. Une perspective anthropologique sur l'idéologie moderne,* Paris (Seuil) 1983, S. 34.
52. Siehe Marce Détienne, *L'Invention de la mythologie,* Paris (Gallimard) 1981. Der Historiker dekonstruiert hier auf bemerkenswerte Weise, wie die Kultur der Moderne, insbesondere die Anthropologen, die griechischen Mythen analysierten.
53. Georges Gusdorf, *Mythe et Métaphysique,* Paris (Flammarion) 1984, S. 245.
54. Hier sei auf das bereits erwähnte Werk von Manuel de Diéguez, *Essai sur l'universalité de la France,* verwiesen, das das Schicksal der Französischen Revolution in vieler Hinsicht in einem neuen Licht erscheinen lässt.
55. Dies ist unseres Erachtens auch der Grund für die wissenschaftlichen Auseinandersetzungen über Wesen und Ursachen des Nazismus und des antisemitischen Wahns, die in der akademischen Welt ebenso wie in den Medien in den letzten Jahren geführt wurden. Über die jeweilige Bedeutung der verschiedenen Entstehungsfaktoren konnte dabei keine Einigkeit erzielt werden, schon gar nicht was die Kollektivschuld der Deutschen anbelangt. Erinnert sei in diesem Zusammenhang vor allem an Daniel J. Goldhagen, *Hitlers willige Vollstrecker. Ganz gewöhnliche Deutsche und der Holocaust,* München (Siedler) 1996.

56. Man denke an Norman Finkelstein, *Die Holocaust-Industrie. Wie das Leiden der Juden ausgebeutet wird,* München (Piper) 2001. Siehe auch die Buchbesprechung in *Le Monde* vom 16. Februar 2001, die von einem »Pamphlet« spricht.
57. Dazu Alain Dieckhof, *L'Invention d'une nation. Israël et la modernité politique,* Paris (Gallimard) 1993.
58. Erinnert sei an die Kontroversen um Stéphane Courtouis u.a., *Das Schwarzbuch des Kommunismus: Unterdrückung, Verbrechen und Terror,* München (Piper) 2000.
59. Frédéric Rouvillois, *L'Invention du progrès. Aux origines de la pensée totalitaire (1680–1730),* Paris (Kiné) 1996.
60. Élise Marienstras, *Nous, le peuple. Les origines du nationalisme américain,* Paris (Gallimard) 1988, Kap. XX: »Une nation par la foi: citoyenneté, religion civique et nationalisme«, S. 379–400 (Zitat: S. 394). Die Autorin weiter: »Das Vermächtnis der Bibel, das die Puritaner übermittelten, ist den Bürgern nicht fremd, welchen religiösen Überzeugungen sie auch anhängen mögen. Die daraus hervorgegangene millenaristische Tradition lässt in der Stimme der Meistersänger der Nation die apokalyptischen Prophezeiungen Daniels und die Vorhersagen des heiligen Johannes wieder erklingen. Hingespannt auf die Ankunft des Königreichs Christi feiert sie in der Unabhängigkeit Amerikas das künftige Ereignis. Sie kündet von der letzten Schlacht des Armaggedon vor der schließlichen Apotheose und beschreibt die harmonisch-ewige Annäherung der Menschheit an Ruhm und Frieden. Sie verheißt das Reich Gottes, das vollendete Glück in der anderen Welt und verkündet es als hienieden im amerikanischen Wohlstand verkörpert.« (S. 395)
61. Mircea Eliade, *Die Sehnsucht nach dem Ursprung: von den Quellen der Humanität,* Wien (Europa Verlag) 1973, S. 120f.
62. Ebd., S. 118. Eliade weiter (S. 118f): »Der Drang der Pioniere gegen Westen setzte tatsächlich nur den triumphalen Marsch der Weisheit von Ost nach West fort. Seit einiger Zeit waren protestantische Theologen bereits geneigt gewesen, den Westen mit geistigem und moralischem Fortschritt gleichzusetzen. Einige Theologen hatten Abrahams Bundeslade an die Engländer übertragen. Der anglikanische Theologe William Crashaw schrieb: ›Der Gott Israels ist ... der Gott Englands.‹ Im Jahre 1583 behauptete Sir Humphrey Gilbert, wenn England ›weite und angenehme Länder‹ in Besitz genommen habe, so zweifellos dank der Tatsache, dass das Wort Gottes, die Religion, die im Osten begonnen, nach und nach den Westen erreicht hätte, wo, wie er hinzufügte, ›sie sehr wahrscheinlich enden würde‹.« Mit Blick auf die eschatologischen Implikationen der Kolonisierung Amerikas verweist der Autor auf die Arbeiten von Richard Niebuhr, *The Kingdom of God in America,* New York 1937; Charles L. Sanford, *The Quest for Paradise,* Urbana 1961; sowie Georges H. Williams, *Wilderness and Paradise in Christian Thought,* New York 1962.
63. Erinnert sei, dass Pakistan (wörtlich: Staat der »Reinen«) als Abspaltung der indischen Moslems und als religiös fundierter Staat gegründet wurde (siehe S. 124).
64. Sophie Bessis, *L'Occident et les autres. Histoire d'une suprématie,* a.a.O., S. 7.
65. Was zum Beispiel ist heute noch vom Strukturalismus übrig, der vor kaum dreißig Jahren sämtliche Humanwissenschaften dominierte?
66. Die Thematik kam vor allem nach dem Kalten Krieg und im Zuge der erneuten militärischen Auseinandersetzungen in Afrika, im Nahen Osten und auf dem Balkan in Mode. Den Anfang machte Pascal Bruckner mit *Das Schluchzen des weißen Mannes,* Berlin (Rotbuch) 1984.
67. Die beste Darstellung der Übertragung der Gottesidee auf den »königlichen Begriff« findet sich bei Manuel de Diéguez: »Die Entartung des Denkens zu einem mythischen Konzeptualismus gebiert eine gefährliche Dialektik utopietrunkener Ideen.« Und weiter: »Die Hegelsche Theologie der alleserschaffenden Idee und des desinkarnierten »Geistes« ist nichts weiter als eine platonisch-christliche Glosse, die nur in die Vergöttlichung der Säbelschwinger und pfäffischen Tagediebe münden konnte und die Alexander und Napoleon zu ausführenden Agenten Gottes auf Erden erhebt, den Schreibtischtätern zur

Seite gestellt.« (Manuel de Diéguez, *Essai sur l'universalité de la France,* a.a.O., S. 115.)

68. Serge Moscovici, *La Machine à faire des dieux,* a.a.O., S. 415.
69. Emil Cioran, Vorwort zu *Mahomet ou le fanatisme,* Nantes (Le Temps singulier) 1979, S. 9. Zu diesem Stück von Voltaire siehe Kapitel 4.
70. Dazu Manuel Delgado Ruiz, »Dynamiques identitaires et espaces publics« in *Revista CIDOB d'Afers Internationales* 43–44 (Dezember 1998–Januar 1999), Fundacio CIDOB, Saragossa.
71. Siehe die sehr schöne Einleitung zu einer Anthologie der Schriften französischer Orient-Reisender von Jean-Claude Berchet, *Le Voyage en Orient. Anthologie des voyageurs français dans le Levant du XIX*[e] *siècle,* Paris (Robert Laffont) 1977. Dazu auch Denise Brahimi, *Arabes des Lumières et Bédouins romantiques,* Paris (Sycomore) 1982; Claudine Grossir, *L'Islam des romantiques,* 2 Bde., Paris (Maisonneuve et Larose) 1984; nicht zu vergessen das sehr schöne Werk von Thierry Hentsch, *L'Orient imaginaire. La vision politique occidentale de l'Est méditerranéen,* Paris (Minuit) 1988 und die bemerkenswerte Arbeit von Edward Saïd, *Kultur und Imperialismus: Einbildungskraft und Politik im Zeitalter der Macht,* Fischer (Frankfurt am Main) 1994. Eine detailliertere Analyse der verschiedenen Textgenres, die der Westen über den Orient hervorgebracht hat, findet sich in unserer Untersuchung *Le Proche-Orient éclaté,* a.a.O.
72. Voltaire, *Le Fanatisme ou Mohamet le prophète,* a.a.O. Dass Voltaire dieses Theaterstück nur symbolisch verstand, ändert nichts daran, dass es den Islam als Ausgeburt des Fanatismus darstellt.
73. Dazu Georges Corm, *Le Proche-Orient éclaté,* a.a.O., Kapitel 3.
74. Dies klingt in Serge Latouches kritischen Analysen des westlichen Entwicklungsmodells an, etwa in *L'Occidentalisation du monde,* Paris (La Découverte) 1989. Siehe auch Gilbert Rist, *Le Développement. Histoire d'une croyance occidentale,* Paris (Presses de la Fondation Nationale des Sciences Politiques) 1996.
75. Herbert Marcuse, *Der eindimensionale Mensch,* Darmstadt und Neuwied (Luchterhand) 1967.
76. Die nach dem damaligen britischen Außenminister benannte »Balfour-Erklärung« von 1917, die die Schaffung einer jüdischen Heimstätte in Palästina in Aussicht stellte, wurde vom Völkerbund übernommen, als er Großbritannien nach dem Ersten Weltkrieg mit dem »Mandat« über Palästina betraute.
77. Eine Kritik der mangelnden Homogenität und inneren Stimmigkeit der Begriffe, die der Westen bei der Analyse der nahöstlichen Gesellschaften im Besonderen und der moslemischen Gesellschaften im Allgemeinen verwendete, findet sich bei Georges Corm, *Le Proche-Orient* éclaté, a.a.O., Kapitel 1–4.
78. Zu einer Kritik des Begriffs der Eigentlichkeit siehe Theodor W. Adorno, *Jargon der Eigentlichkeit,* Frankfurt am Main (Suhrkamp) 1980.
79. Als Mitglied zahlreicher Promotionskommissionen in Frankreich wurde ich mit Blick auf den Libanon und den Nahen Osten »unglücklicher« Zeuge der Tatsache, dass fast alle Prüflinge ihre Problematik um Identitätsphänomene zentrierten (die Entwicklung dieser oder jener religiösen Gemeinschaft, der der Doktorand angehört, das Verhältnis dieser oder jener Gemeinschaft zum herrschenden Regime, wobei die reale Vielschichtigkeit der durch geopolitische Faktoren in innere Unruhen gestürzten pluralen Gesellschaften völlig außer Acht blieb). Ein Glück, dass die meisten dieser Doktorarbeiten nicht veröffentlicht wurden. Manche allerdings, die ganz und gar im Wind der geopolitischen Interessen des Westens segelten, wurden publiziert und avancierten mitunter leider zu Standardwerken. Mit Blick auf den Nahen Osten sei auf unsere kritisch kommentierte Bibliographie in *Le Proche-Orient éclaté* und unsere Arbeit *L'Europe et l'Orient* verwiesen.
80. Für Rumänien siehe Claude Karnoouh, *L'Invention du peuple. Chroniques de Roumanie,* Paris (Arcantère) 1990, insbesondere Kapitel 7 (»Comment devenir moderne«), sowie von demselben Autor, *Postcommunisme fin de siècle. Essai sur l'Europe du XXI*[e] *siècle* (Paris, L'Harmattan, 2000), eine kritische Analyse der Entwicklung Osteuropas

seit dem Fall des Kommunismus, die sich auch mit der Problematik des Nationalismus und des Multikulturalismus beschäftigt. Die Entstehung der nationalen Streitigkeiten auf dem Balkan und im Nahen Osten im 19. und Anfang des 20. Jahrhunderts haben wir in *L'Europa et l'Orient* analysiert.

81. Hélène Carrère d'Encausse, *L'Empire éclaté,* Paris (Flammarion) 1978.
82. Siehe zum Beispiel die im Übrigen triftigen und informativen Arbeiten von François Thual, *Géopolitique du chiisme,* Paris (Arléa) 1995, und *Géopolitique de l'orthodoxie,* Paris (Dunod) 1994.
83. Der Wahhabismus, eine extreme Spielart des islamischen Rigorismus, entstand gegen Ende des 18. Jahrhunderts auf der arabischen Halbinsel und wurde heftigst bekämpft. Die Machtergreifung der Saud-Familie im Jahr 1925 installierte die Wortführer dieses Integrismus als religiöse Wächter der neuen Herrschaft, die das Königreich Saudi-Arabien gründete. Der Ölreichtum des Landes versetzte die saudischen Herrscher vor allem nach der Explosion des Erdölpreises 1973 in die Lage, die bis dato unbekannte Spielart des Islam zu exportieren.
84. Man erinnere sich: Es war die Zeit, als noch der geringste algerische Oppositionelle, der in Frankreich politisch aktiv wurde, ohne Federlesens des Landes verwiesen oder zum Schweigen gebracht wurde. Aber auch die Vereinigten Staaten setzten damals angesichts der Diskreditierung des Schah-Regimes verstärkt auf die religiöse Bewegung, um einer Machtergreifung durch radikale laizistische Parteien, darunter die kommunistische Tudeh-Partei, zuvor zu kommen.
85. Dazu *Croyance en guerre, l'effet Kosovo,* Les Cahiers de médiologie 8, Paris (Gallimard) 1999.
86. Benedict Anderson, *L'Imaginaire national. Réflexions sur l'origine et l'essor du nationalisme,* Paris (La Découverte) 1996. Vgl. auch Eric Hobsbawm, *Nationen und Nationalismus. Mythos und Realität seit 1780,* Frankfurt am Main (Campus) 2004. Hobsbawm kann zeigen, dass Nationalgefühl und Nationalgedanke als kulturelle und politische Hervorbringungen Europas erst sehr spät ihren Aufschwung nahmen.
87. Jean-François Bayart, *L'Illusion identitaire,* Paris (Fayard) 1996.
88. Stuart J. Kaufman, *Modern Hatreds. The Symbolic Politics of Ethnic War,* Ithaca (Cornell University Press) 2001.
89. Siehe dazu die Überlegungen von René Girard *(La Violence et le Sacré,* Paris, Grasset, 1972; Le Bouc émissaire, Paris, Grasset, 1982), aber auch die bereits erwähnten Arbeiten von Régis Debray, Serge Moscovici und Pierre Legendre.
90. Samuel Huntington, *The Clash of Civilization and the Remaking of World Order,* New York (Simon & Schuster) 1996 (dt. *Kampf der Kulturen. Die Neugestaltung der Weltpolitik im 21. Jahrhundert,* München (Goldmann) 2002.
91. Francis Fukuyama, Samuel Huntington, Daniel Patrick Moynihan, David Blakenhorn, Michael Walzer, Robert Putnam, Michael Novak und Amitai Etzioni, »Lettre d'Amérique, les raisons d'un combat«, *Le Monde,* 15. Februar 2002.
92. Dominique Schnapper, *La Communauté des citoyens. Sur l'idée moderne de nation,* Paris (Gallimard) 1994.
93. Jean-Marie Guéhenno, *La Fin de la démocratie,* Paris (Flammarion) 1993.
94. Marcel Gauchet, *La Religion dans la démocratie,* Paris (Gallimard) 1988, S. 121–140.
95. Mit Ausnahme der mit Syrien und dem Iran verbündeten Hizbollah, die die Vereinigten Staaten wegen ihrer »antiwestlichen« Haltung während der israelischen Invasion im Libanon, wegen der Geiselnahme amerikanischer Staatsbrüger in Beirut und wegen ihrer extrem israelfeindlichen Politik gerne bestrafen und aus der Welt schaffen würden.
96. Überlebende der Massaker von Sabra und Schatila erstatteten vor einem belgischen Gericht 2001 Anzeige gegen General Sharon, nachdem ähnliche Schritte kurz zuvor gegen die Verantwortlichen und Komplizen des Völkermords in Ruanda eingeleitet worden waren. Gegen Letztere wurde schließlich Klage erhoben, die Klage gegen den israelischen Foltergeneral muss offenbar ausgesetzt werden, weil er das Amt des Ministerpräsidenten be-

kleidet.

97. Erinnert sei auch an den Kampf der Frauen gegen die israelische Besatzung. So sprengte sich 1985 Sana Mouhaidali, eine junge Libanesin christlichen Glaubens, im Südlibanon in unmittelbarer Nähe eines israelischen Panzers in die Luft. Eine weitere christliche Libanesin, Souha Bichara, wagte 1990 ein Attentat auf »General« Lahad, den Chef der libanesischen Hilfstruppen, die zur pro-israelischen Miliz gehörten und während der israelischen Besatzung den Südlibanon terrorisierten. Siehe ihren Bericht: Souha Bichara, *Résistante,* Paris (Lattès) 2000. Im ersten Quartal 2002 haben im besetzten Palästina drei junge Frauen ihr Leben bei Selbstmordkommandos geopfert.
98. Siehe Olivier Russbach, *La Déraison d'État,* Paris (La Découverte) 1987.
99. So spricht Manuel de Diéguez von den »mentalen Idolen«, die die Denkgebäude der monotheistischen Opfertheologie ebenso wie die moderne wissenschaftliche Theoriebildung beherrsche. Siehe *Et l'homme créa son Dieu,* a.a.O.
100. Siehe die in der Einleitung erwähnten Arbeiten.
101. Zahlreiche Ausdrücke des christlichen Vokabulars haben in die profane Sprache Eingang gefunden, zum Beispiel Predigt, anbeten und Pilgerfahrt.
102. Der Islam hingegen hat die beiden anderen monotheistischen Religionen – Judentum und Christentum – stets anerkannt. Der Koran höchstselbst räumt jenen, die die islamische Souveränität über das Gemeinwesen anerkennen, Gottesdienstfreiheit ein (siehe dazu das folgende Kapitel).
103. Arnold Toynbee, *Wie stehen wir zur Religion?,* Stuttgart (Europaverlag) 1958.
104. Manuel de Diéguez, *Et l'homme créa son Dieu,* a.a.O., S. 174. Zum religiösen Geist des amerikanischen Nationalismus siehe die schöne Analyse bei Élise Marienstras, *Nous, le peuple,* a.a.O., insbesondere Kapitel 10.
105. Serge Moscovici, *La Machine à faire des dieux,* a.a.O., S. 416.
106. Wir haben die juridische und institutionelle Funktionsweise des religiösen Pluralismus in den heidnischen Gesellschaften, insbesondere in Griechenland, Rom und Babylon, und in den monotheistischen Gesellschaften an anderer Stelle detailliert untersucht und miteinander verglichen. Demnach unterliegt es keinem Zweifel, dass der aufkommende Monotheismus in der politischen Verwaltung der pluralen Gesellschaften ernsthafte Probleme verursachte, die uns noch heute plagen. Die Vorstellung, es könne nur einen Gott geben, machte es außerordentlich schwierig, institutionelle Arrangements zu finden, die ein einvernehmliches Zusammenleben von Menschen, die verschiedene Götter anbeten, erlauben. Siehe Georges Corm, *Contribution à l'étude des sociétés multi-confessionnelles. Effets socio-juridiques et politiques du pluralisme religieux,* Paris (LGDJ) 1971, wiederabgedruckt unter dem Titel *Histoire du pluralisme religieux dans le Bassin méditerranéen,* Paris (Geuthner) 1998.
107. Oriana Fallaci, *Die Wut und der Stolz,* München (List) 2002.
108. Vgl. das ausdrucksstarke Bild, das im Titel von Gilles Kepels Untersuchung *Les Banlieues de l'Islam* (Paris, Seuil, 1987) anklingt. Gilles Kepel verdanken wir auch die erste große Untersuchung über die islamischen Bewegungen, die er als Opfer der unerträglichen nationalistisch-laizistischen Diktatur in Ägypten darstellt. Der Titel der Untersuchung zitiert ein ausdrucksstarkes Modell aus der Bibel: hier der unterdrückerische Pharao (Nasser), dort der Prophet der Unterdrückten (die fundamentalistischen Bewegungen in Ägypten): *Der Prophet und der Pharao,* München (Piper) 1995. Siehe auch unsere Kritik der Arbeiten der jüngeren Orientalistengeneration: *L'Europe et l'Orient,* a.a.O.
109. Es sei daran erinnert, dass der Ausdruck »jüdisch-christlich« bis vor kurzem ein ausschließlich wissenschaftlicher Begriff war, der sich auf christliche Sekten in den ersten beiden Jahrhunderten des Christentums bezog. Diese Sekten waren vom Judentum noch nicht formell getrennt und hatten sich noch nicht zu Kirchen mit festgefügten, jede Verbindung zum Judentum sistierenden Dogmen institutionalisiert.
110. Im Gegensatz zu Schriften, die die Rückkehr ins Gelobte Land verherrlichen und dem

modernen Judentum eine Geschichte in logischer Kontinuität zur mythologischen Zeit Abrahams und Moses' andichten, finden die Arbeiten antizionistischer Juden aus Europa und den Vereinigten Staaten, die teils laizistisch, teils religiös argumentieren, so gut wie keine Beachtung. In diesem Zusammenhang sei daran erinnert, dass an den jüngsten pro-palästinensischen Demonstrationen in Europa und in Washington auch antizionistische Rabbiner teilnahmen. Erinnert sei auch an die Arbeit von Nathan Weinstock, *Das Ende Israels: Nahostkonflikt und Geschichte des Zionismus,* Berlin (Wagenbach) 1975, sowie an das bewegende Zeugnis der Frau eines Rabbiners, eine Beschreibung der Unterdrückung jüdischer Gemeinden, die die Existenz des Staates Israel aus theologischen Gründen ablehnen: Ruth Blau, *Les Gardiens de la Cité. Histoire d'une guerre de religion,* Paris (Flammarion) 1978.

111. Jean Lambert, *Le Dieu distribué,* a.a.O., S. 25.
112. So zum Beispiel die großen Sportveranstaltungen und Rockkonzerte, die Oskarverleihungen und die Filmfestivals in Cannes, die großen Retrospektiven bekannter Künstler, die Festspiele in Bayreuth und Salzburg, Parlamentswahlen, Werbekampagnen für neue Konsum- und Modeartikel, die neuesten Gadgets der Elektronik- und Computerwelt, die jüngsten Neuerungen in der Genetik.
113. Youakim Moubarak, *Les Chrétiens du monde arabe,* Paris (Maisonneuve et Larose) 1989, S. 124.
114. Dieser bis ins Absurde karikierte Islam erscheint etwa in dem stupiden Machwerk von Oriana Fallaci, *Die Wut und der Stolz,* a.a.O.
115. Dazu Georges Corm, *Le Proche-Orient éclaté,* a.a.O., Kapitel 1, 2, 4 und 20, die sich mit historischen Zerrbildern der arabischen Identität und den diversen Instrumentalisierungen des Islam im Kalten Krieg und im Kampf gegen die laizistischen Nationalismen in der Dritten Welt beschäftigen.
116. Immerhin veröffentlichte der Pariser Verlag *La Découverte* einige Übesetzungen ägyptischer Moslems, die sich gegen die wenig moslemische Sichtweise der fundamentalistisch-islamischen Bewegungen wenden: Muhammad Saïd Al-Ashmawy, *L'Islamisme contre l'Islam,* 1990; Fouad Zakarya, *Laïcité ou islamisme. Les Arabes à l'heure du choix,* 1991; Hussein Amin, *Le Livre du musulman désemparé. Pour entrer dans le troisième millénaire,* 1992. Die westliche Islamwissenschaft nimmt von diesen Arbeiten allerdings kaum Notiz.
117. Muhammad Shahrur, Al Kitab wal Quran, *Kiraat mouasira (Das Buch und der Koran. Eine zeitgenössische Lektüre),* Damaskus, 1992.
118. Siehe insbesondere John K. Cooley, *Unwholy War. Afghanistan, America and International Terrorism,* London (Pluto Press) 2000; Jean-Claude Brisard u. Guillaume Dasquié, *Ben Laden. La vérité interdite,* Paris (Denoël) 2001.
119. Vgl. den Titel des Buches von Rémi Leveau, *Le Sabre et le Turban. L'avenir du Maghreb,* Paris (François Bourin) 1993.
120. Jack Goody, *The East in the West,* Cambridge (Cambridge University Press) 1998, S. 219.
121. Viele Kapitel des Koran greifen Episoden aus der alttestamentarischen Geschichte der Hebräer und aus der Geschichte Christi auf, der auch nach koranischer Auffassung den Geist von Gott empfing.
122. Edward Said, *Orientalismus,* Frankfurt am Main (Ullstein) 1981.
123. Während die Christen den Juden vorwarfen, sie hätten die Haupttexte des Alten Testaments verfälscht, um die Bedeutung Jesu als Messias und Erlöser zu verleugnen, beschuldigten die Moslems die Juden wie die Christen, sie hätten die Evangelien und das Alte Testament verfälscht, um die Rolle Mohameds zu verleugnen.
124. Dazu Georges Corm, *Histoire du pluralisme religieux dans le Bassin méditerranéen,* a.a.O.
125. Dazu Georges Corm, *La Méditerranée, espace de conflit, espace de rêve,* Paris (L'Harmattan) 2001, Kapitel 1: »Grandes puissances recherchent calife pour gérer l'Orient«.
126. Die »Mitteilungen« des Propheten gelten nicht als unmittelbares Wort Gottes, das nur in

den Koran-Versen aufgezeichnet ist, sondern als Mohameds eigene Äußerungen, die von seinen Lebensgefährten festgehalten wurden.

127. Dazu Jack Goody, *The East and the West,* Cambridge (Cambridge University Press) 1998.

128. Viele arabische Intellektuelle, die heute dem islamischen Fundamentalismus zuneigen, sind ehemalige Parteigänger der sozialistischen oder marxistischen Drittweltideologie. Als der Wind sich wendete, orientierten sie sich um. In dieser Hinsicht ähneln sie zum Verwechseln gewissen westlichen Intellektuellen, die vom Marxismus zum Neoliberalismus überliefen und nun ebenfalls fundamentalistisch-religiöse Wertvorstellungen vertreten.

129. Anfang der siebziger Jahre wechselte im Sudan das politische Regime. An die Stelle der nasseristisch inspirierten, laizistischen Regierung trat die von Saudi-Arabien gesponserte Sharia. Der Krieg mit den Christen und Animisten im südlichen Landesteil wurde unausweichlich.

130. Dazu Antoine Sfeir, *Les Réseaux d'Allah. Les filières islamistes en France et en Europe,* Paris (Plon) 1997; Gilles Kepel, *Les Banlieues de l'Islam,* a.a.O.

131. Wir spielen hier auf den Titel des schönen Buchs von Eric Hobsbawm an: *Das Zeitalter der Extreme: Weltgeschichte des 20. Jahrhunderts,* München (dtv) 2003.

132. Eine erhebliche Anzahl von Analysen befleißigt sich dieser Perspektive. Siehe dazu Ghassan Salamé, *Appels d'empire. Ingérences et résistances à l'âge de la mondialisation,* Paris (Fayard) 1996. Eine der ersten Arbeiten, die sich mit dieser Thematik auseinandersetzten, ist: Jean-Christope Rufin, *Die neuen Barbaren: der Nord-Süd-Konflikt nach dem Ende des Kalten Krieges,* München (dtv) 1996.

133. Vgl. den Roman des amerikanischen Schriftstellers Tom Clancy, *Befehl von oben,* München (Heyne) 1998. Der Roman erzählt von einer Verschwörung gegen die Vereinigten Staaten, an der Araber beteiligt sind, die ein Flugzeug ins Capitol fliegen.

134. So wurde 2001 bekannt, dass US-Präsident Jimmy Carter, ein durchaus ehrenwerter Mann, für seine karitativen Stiftungen Gelder von Wilayet Abidi annahm, dem Gründer und Leiter der Banque du Commerce et du Crédit International, die in einen der größten Geldwäscherskandale des vorigen Jahrhunderts verwickelt war. Doch Carter war mit Abidi befreundet und reiste offenbar in dessen Privatjet. Auch Weltbankpräsident Wolfensohn zögerte nicht, im April 2001 mit dem Privatflugzeug seines milliardenschweren Freundes und libanesischen Ministerpräsidenten Rafic Hariri in den Libanon zu fliegen. Ob zu einem privaten oder offiziellen Besuch, konnte nie geklärt werden.

135. Auch der westliche Marxismus trug in der Tat narzisstische Züge, sah er in der Entwicklung des Westens doch den allgemeinen Weg der Geschichte vorgezeichnet, den notwendigerweise auch die anderen Weltregionen nachvollziehen müssten, um in der Moderne anzukommen und den Menschen von allen Formen der Knechtschaft zu befreien.

136. Eine Anspielung auf den französischen Titel des schönen Buchs von Arnaldo Momigliano, *Hochkulturen im Hellenismus: die Begegnung der Griechen mit Kelten, Juden, Römern und Persern,* München (Beck) 1979.

137. So war die Weltkonferenz gegen Rassismus, Rassendiskriminierung, Fremdenfeindlichkeit und Intoleranz, die unter der Schirmherrschaft der Vereinten Nationen im September 2001 im südafrikanischen Durban stattfand, ein offenkundiger Misserfolg. Die Konferenz scheiterte an zwei Hauptfragen: Der Westen wollte seine Verantwortung für die Schrecken der Sklaverei nicht anerkennen, Israel nicht seine Verantwortung für das Unglück der Palästinenser. Die Vertreter der Vereinigten Staaten und Israels reisten noch vor Konferenzende unter Protest ab.

138. Stanley Hoffmann, »Le triste état du monde«, *Le Monde,* 24. Januar 2002.

139. Siehe Einleitung.